KB111512

미스터리 세계사

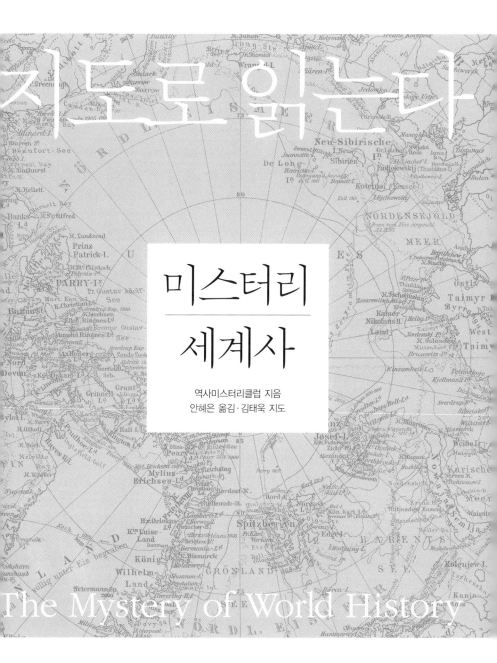

지도로 읽는다

미스터리
세계사

역사미스터리클럽 지음

안혜은 옮김 · 김태욱 지도

The Mystery of World History

이다미디어

역사의 미스터리를
재미있는 지도로 읽는다!

역사 속에서 가장 흥미로운 부분을
모으고 모았다!

세계사에는 아직 밝혀지지 않은 미스터리가 무수하다. 기록도 없이 전설로만 전해지는 미스터리, 당사자들의 죽음으로 미궁에 빠진 미스터리, 또한 음모에 의해 진실이 은폐되어 있는 미스터리 등등.

특히 역사 교과서가 알려주는 내용은 단지 '통설'일 뿐, 진실과는 거리가 멀 수도 있다. 교과서에서 가르치지 않는 이야기, 바로 거기에 역사의 재미가 응축되어 있다.

지금껏 봉인되어 있던 미스터리, 오랜 연구에도 해결하지 못한 미스터리 등 세계사 속에 숨어 있는 뜻밖의 이야기를 지도와 함께 살펴는 것은 의미있는 일이다.

미스터리의 비밀을
하나하나 풀어가는 즐거움이 있다!

여러분은 마르코 폴로가 아시아 제국을 여행한 후《동방견문록》을 썼다고 알고 있을 것이다. 학교에서 그렇게 배웠으니까. 그런데 그것이 어디까지 사실일까?

《동방견문록》은 미지의 세계였던 아시아 제국을 유럽인들에게 소개하여 베스트셀러가 된 여행기이다. 이 책은 마르코 폴로가 구술한 동방 여행 체험담을 루스티첼로라는 인물이 기록해 만든 것으로 알려져 있다. 그런데 최근의 연구에 따르면 그는 사실 터키까지밖에 가지 못했다고 한다. 그렇다면 수백 년 동안 믿었던 '사실'이 거짓이 되는 셈이다. 마르코 폴로는 어떻게《동방견문록》을 쓸 수 있었던 걸까?

역사적인 사건의 수수께끼는
현대까지 영향을 미친다!

미국의 대통령 링컨은 노예 해방 정책에 반대한 '시민'에게 암살되었다? 이 충격적인 사건은 미국의 역사뿐만 아니라 세계 역사의 흐름도 바꾸어놓았다.

그런데 이 암살 사건에 어떤 배후와 음모가 있다는 의혹이 있다. 수사를 지휘한 육군장관은 왜 범인에게서 압수한 일기의 일부를 의도적으로 찢어버린 것일까?

오늘날 인간의 평등과 세계 평화를 상징하는 링컨이 암살되지 않았다면 세계의 역사는 어떻게 바뀌었을까? 이런 미스터리한 사건을 둘러싼 여러 가지 해석은 여전히 현대 사회에 영향을 미치고 있다.

미스터리한 역사적 사건의 진실을
지도에서 확인한다!

이 책은 모든 항목에 지도를 함께 실었다. 이 지도는 독자의 이해를 돕는 동시에, 베일에 싸여 있던 미스터리의 전모를 밝히는 해결의 단서를 제공한다.

예를 들면 버뮤다 삼각 지대에서 배와 비행기가 사라지는 이유도 지도 속에서 뜻밖의 사실을 알 수 있다. 버뮤다 삼각 지대의 미스터리에 대해서는 오랫동안 '초자연적인 현상'이 의심되었으나 최근에 과학적인 단서가 발견되고 있다. 이곳 근처 해역에는 '어떤 지하 자원'이 분포하고 있고, 그 분포도와 주변 해류를 지도 상에 표시하면 버뮤다 삼각 지대와 깊은 관련이 있다는 사실을 알 수 있다.

이 책을 읽다 보면 당신은 어느새 미스터리의 포로가 되어 있을 것이다. 책에서 다루는 내용들은 역사상 중요한 사건과 인물에 얽힌 뜻밖의 소문과 미스터리, 그리고 고대 문명과 관련해 흥미진진한 신화와 전설 등 알면 알수록 재미있는 이야기로 가득하다.

자, 지금껏 경험하지 못한 '미스터리의 세계'로 여행을 떠나보자.

역사미스터리클럽

차례

1장 · 유럽의 미스터리 역사

2장 · 아시아의 미스터리 역사

3장 · 아메리카의 미스터리 역사

4장·아프리카의 미스터리 역사

1장
유럽의 미스터리 역사

구약성서의 노아의 방주는
'전설'인가 '사실'인가?

《길가메시 서사시》에도
노아의 방주 이야기가 나온다?

지금까지 전해지는 유명한 전설 중에는 사실에 근거해 만들어진 이야기도 많다. 그렇다면 구약성서 창세기에 등장하는 노아의 방주(Noah's Ark) 전설은 어떨까?

타락한 인간들에게 크게 노한 하느님은 그들을 멸하기로 한다. 다만 순수한 노아와 그 가족만은 구제해주기로 하고, 노아에게 방주를 만들고 그 안에 타라고 명한다. 결국 순종적인 노아가 방주에 타 있는 사이 대홍수가 일어나 지상의 모든 생물을 집어삼키고 만다.

대부분은 전설로만 알고 있지만 사실 노아의 방주 이야기는 오랫

노아의 방주, 1846년, 에드워드 힉스, 필라델피아 뮤지엄

동안 사실 여부를 놓고 논란이 있었다. 이 논란은 19세기, 고대 메소포타미아의 이야기인 《길가메시 서사시(Gilgamesh Epoth)》에서 홍수 전설이 기록된 점토판이 발견되면서 시작되었다.

이 점토판의 내용은 기원전 650년에 기록되었으므로, 구약성서가 쓰인 시대보다 훨씬 전의 것이다. 따라서 《길가메시 서사시》의 전설이 노아의 방주 이야기의 원형이라고 보는 연구자가 등장했다. 고고학자는 물론 수많은 종교학자와 역사학자가 진상을 입증하려 애썼는데, 그중 미국 콜롬비아 대학의 해양지질학자 윌리엄 라이언 박사는 이 문제를 과학적으로 풀어보고자 했다. 그가 주목한 것은 지중해 동쪽에 있는 흑해였다.

지중해 바닷물이
흑해에 대홍수를 일으켰다

라이언 박사가 주장하는 설은 다음과 같다.

흑해는 현재 지중해와 보스포루스 해협으로 연결되어 있다. 그런데 1만 년 전까지는 해협이 없었고, 둑처럼 솟아오른 봉우리에 의해 두 바다가 완전히 나뉘어 있었다. 건조한 기후였던 흑해는 오랜 세월에 걸쳐 점점 해수면이 낮아졌고, 반면 지중해는 대서양에서 흘러 들어오는 바닷물로 해수면이 상승했다. 두 바다 사이에 적게는 수십 미터, 많게는 수백 미터의 수위 차가 발생했던 것이다.

이윽고 두 바다를 막고 있던 봉우리가 무너지면서 지중해의 바닷물이 순식간에 흑해로 흘러 들어가 그 일대에 대홍수가 일어났다. 이것이 후세에 전해지면서 '노아의 대홍수'로 기록되었다고 추정하는 것이다. 이 가설을 뒷받침하는 근거는 다음과 같다.

첫 번째 근거는 흑해에서 해저협곡이 발견되었다는 점이다. 협곡은 원래 지상에서 강의 침식 작용으로 생기는 것이다. 그것이 해저에서 발견되었다는 것은 이 협곡 근처까지 수면이 내려갔다는 것을 증명한다.

고대의 흑해에서 '노아의 대홍수'가 일어났다?

드네스트르 강   드네프르 강   돈 강

홍수에 잠긴
마을이 있었다?

아조프 해

크림
반도

고대의 흑해는
현재 면적의
3분의 2 정도였으며,
지중해와 완전히
분리되어 있었다.

도나우 강

불가리아

흑 해

터 키

7,000년 전의 해안선(추정)

? 보스포루스 해협에서
흘러 들어온 대량의 물 때문에
흑해에 대홍수가 일어났다?

아라라트 산 ▲▲▲
(성서에 나오는
노아의 방주가
머물렀던 곳으로
알려진 산).

지 중 해

흑 해

이스탄불   보스포루스 해협

이 집 트

나일 강

마르마라 해

두 번째 근거는 급격한 환경 변화를 알 수 있는 화석이 발견되었다는 점이다. 흑해의 한 지층에서 발견된 이매패(二枚貝, 조개처럼 2개의 패각으로 이루어진 패류) 화석은 모두 담수성 조개의 것이었다. 당시 흑해가 담수호였다는 뜻이다. 하지만 그 위의 지층에서는 담수와 해수가 섞인 곳에서 사는 이매패 화석이 나왔고, 또 그 위의 지층에서는 해수성 조개로 바뀌어 있었다. 즉, 담수였던 흑해에 지중해의 바닷물이 유입되었다고 추측할 수 있다.

조개의 성질이 바뀐 시대는 약 7,000년 전으로 밝혀졌다. 인류의 농경 문명이 시작되면서 도시가 형성되던 시기로 추측된다. 이때 대홍수가 덮쳤다는 주장도 충분히 가능성은 있으나 이후 그 가설을 반박하는 연구가 계속 발표되고 있다. 아무래도 최종 결론에 이르려면 조금 더 시간이 필요할 것 같다.

플라톤이 예언한
아틀란티스 대륙은
어디로 사라졌는가?

포세이돈이 만든 아틀란티스는
아름다운 나라였다?

해저로 사라졌다는 전설상의 섬이자 국가로 알려진 아틀란티스 대륙은, 당시 사람들이 풍요로운 지상낙원의 생활을 했던 초대륙(판게아, 현재의 대륙이 분열·이동하기 이전의 단일 대륙으로, 독일의 기상학자 알프레드 베게너(Alfred Wegener)가 대륙이동설을 발표하며 사용했다)으로 알려져 있다. 하지만 세계의 수많은 연구자들의 학문적인 노력과 과학적인 연구에도 불구하고 아틀란티스는 아직까지 모습을 전혀 드러내지 않고 있다. 이곳은 진정 실제로 존재했던 곳일까? 아니면 그저 전설의 섬에 불과한 것일까?

아틀란티스에 대한 이야기는 고대 그리스의 철학자 플라톤이 쓴 《크리티아스》와 《티마이오스》에 처음 등장한다. 이 저서에는 기원전 590년경 그리스 7현인(그리스 시대 정치적 혼란에 시달리던 후세 사람들이 꼽은 사회적·정치적 업적이 탁월한 7명의 현인으로 탈레스, 비아스, 피타코스, 클레오브로스, 솔론, 킬론, 페리안드로스) 중 한 명인 솔론이 이집트 신관에게 전해 들은 이야기가 기록되어 있다. 대강의 내용은 다음과 같다.

솔론이 살던 시대로부터 9,000년 전, '헤라클레스의 기둥(Pillars of Hercules, 지브롤터 해협 어귀의 낭떠러지에 있는 바위) 너머'에 바다의 신 포세이돈이 만든 아틀란티스라는 아름다운 나라가 있었다. 풍부한 산물과 자원의 혜택을 받으며 주변의 섬과 대륙을 지배하던 이 나라는 나날이 번영했다.

또한 전해오는 전설에 따르면, 전성기 아틀란티스의 수도는 3개의 환상운하가 둘러싸고 있었으며, 운하를 오가는 배들이 항상 북적거렸다. 더불어 건축술이 발달해서 여러 가지 돌로 건축물들을 지었는데, 도시 중심부의 많은 건물들이 금이나 은으로 덮여 있었다고 할 정도이다.

그러나 툭하면 다른 나라와 전쟁을 일삼다 치세가 흐트러지기 시작했고, 이에 노한 신들이 아틀란티스에 지진과 홍수를 일으켰다. 결국 아틀란티스는 하루아침에 바다 밑으로 가라앉고 말았다.

이것이 사실에 근거한 이야기라면 지구 어딘가에 분명 아틀란티스

아프리카 북쪽 해안에 위치한 헤라클레스의 기둥 전경. ⓒ Hansvandervliet, Wikimedia Commons

가 존재할 것이다. 그리고 '헤라클레스의 기둥 너머'는 대체 어디를 가리키는 것일까?

아틀란티스는 지중해와 대서양 사이에 있는 지브롤터 해협의 두 개의 산이라는 설이 유력하다. 그리고 헤라클레스의 기둥은 터키의 다르다넬스 해협이며, 아틀란티스는 고대 도시 트로이를 가리킨다는 설 등이 대두되었다. 아틀란티스의 위치에 대해서는 그동안 40여 개 후보지가 물망에 오르기도 했다.

아틀란티스의 전설은
인류가 꿈꾸는 불멸의 이상향!

지금까지 거론되는 곳 가운데 가장 유력한 후보지는 에게 해에 떠 있는 산토리니 섬이다.

이곳은 본래 하나의 원뿔 형태를 이루는 섬이었다. 화산이 분화를 여러 차례 반복하다가 기원전 1500년경 사상 최대의 폭발이 일어나면서 지금처럼 크고 작은 섬 다섯 개로 나뉘었다.

이후 유적 발굴을 통해 당시 이 섬에서 화려한 도시 문명이 꽃피고 있었음이 입증되었다. 집과 광장, 생활용품, 화려한 색채의 벽화 등이 발견된 것이다.

다만 아틀란티스 전설과 연대가 맞지 않고, 또한 '헤라클레스의 기둥 너머'를 지브롤터 해협이라고 했을 때 위치도 맞지 않는다. 그러나 그 옛날 이 섬의 사람들이 풍요로운 삶을 영위하다가 화산 폭발로 모든 것을 빼앗겼다는 역사적 사실에 근거하여 아틀란티스 전설의 원형으로 추측하는 것이다.

또 하나의 유력한 후보지는 아조레스 제도이다. 이곳은 지브롤터 해협의 대서양 서쪽이고, 나중에 근처의 대륙과 섬들을 지배했다는 점에서 전설과 일치한다. 또한 약 1만 년 전, 지구의 급격한 온난화로 해수면이 상승하여 이 근방에서 대홍수가 일어났는데, 이것을 아틀란티스 대륙의 침몰로 보는 것이다.

아틀란티스는 남극이었다는 대담한 설도 있다. 남극의 존재가 알

해저로 사라진 아틀란티스 대륙

?

몰타·크레타 섬을
비롯해 전 세계
40곳 이상이
아틀란티스 대륙의
후보지로 거론되고
있다.

 대서양설 ①

지브롤터 해협 서쪽에 있는 아조레스 제도?
1만 년 전, 해수면이 약 100미터 상승했으며
대홍수로 침몰.

북아메리카

대 서 양

아프리카

說 지중해설

에게 해에 떠 있는
산토리니 섬?
기원전 1500년경,
화산 분화로 소멸.

남아메리카

說 대서양설 ②

판구조론에 근거한 설.
아프리카와 아메리카 대륙의
해안선을 붙여보면
쿠바 근처에 공백이 있음.
그곳이 아틀란티스?

說 남극설

남 극 해

얼음이 없던 고대의 남극 대륙?
지각 이동으로 남극 대륙이
추워지면서 아틀란티스가 소멸?

려지지 않은 1513년, 오스만 제국의 해군 제독 피리 레이스가 제작한 지도를 보면 얼음이 없는 남극이 묘사되어 있다. 이것은 고대부터 전해 내려온 세계 지리의 지식을 완전히 뒤엎는 것이었다.

내용인즉슨 고대의 남극은 지금보다 더 따뜻한 곳에 있었다는 것이다. 그리고 1~2만 년 전, 지각 변동이 일어나 추운 곳으로 이동하면서 아틀란티스 문명이 남극 대륙의 얼음 밑에 갇혔다는 것이다.

아틀란티스의 전설은 우리 인류가 불멸의 이상향을 꿈꾸는 동안 영원히 사라지지 않을 것이다.

비밀결사대 프리메이슨은
템플기사단이 만들었다?

십자군 시대 성지 순례자를 보호하기 위해
템플기사단 발족

중세 유럽에서 이교도로부터 가톨릭을 수호하기 위해 맹활약을 펼친 이색적인 기사단이 있다. 이른바 템플기사단이라는 이 조직은 전사와 수도사로 이루어졌다. 당시 유럽 각국은 이슬람교 국가로부터 성지 예루살렘을 보호하기 위해 십자군을 편성해 원정에 나섰다. 이후 여러 기사단이 결성되어 십자군전쟁에 참전했는데, 템플기사단은 그중에서도 핵심 전력으로 활약했다.

템플기사단이 남긴 수많은 전설 가운데, 세계 최대의 비밀결사대인 프리메이슨(Freemason)을 조직했다는 이야기는 지금까지 논란의

프리메이슨홀, 1809년, 런던, Wikimedia Commons

대상이 될 정도로 유명하다. 프리메이슨은 '자유로운 석공'이라는 뜻으로, 중세 이후의 석공 길드에서 파생된 단체라고 전해진다. 외부에 알려진 것은 '회원 간의 친목과 우애'를 지향하며 자선 사업을 벌이는 단체라는 사실뿐이다.

그러나 이것은 어디까지나 표면적인 모습일 뿐, 실은 전 세계 주요 인사가 대거 가입하여 암암리에 세계의 정치, 경제, 문화에 영향력을 행사하는 조직이라는 것이 정설이다. 그런데 이 프리메이슨과 템플기사단은 대체 무슨 관계일까?

십자군 시대의 초기인 1118년, 프랑스 기사 8명이 성지로 향하는 순례자들을 보호하기 위해 템플기사단을 발족했다. 이후 솔로몬 신전이 있던 예루살렘의 '성전 산(Temple Mount, 모리아 산(Mount Moriah)으로도 불리며, 아브라함이 이삭을 제물로 바치려 했던 산이자, 기독교에서는 예수 그리스도의 생애와 깊은 관련이 있는 장소이고, 이슬람에서는 메카(Mecca), 메디나(Medina)와 함께 3대 성지로 꼽는다)'을 본거지로 삼아 각지에서 이슬람 세력을 상대로 화려한 전적을 거두었다.

또한 수도사라는 신분에 맞게 엄격한 회칙을 세워, 입회와 동시에 사유재산을 모두 기사단에 기부하며 청빈과 금욕을 다짐했다. 발족 20년 후에는 그 화려한 공적과 명성 덕분에 왕과 제후, 귀족 들이 돈과 토지를 잇달아 기부했다. 결국 기사단은 유럽 각지의 영지와 막대한 부를 손에 넣게 되었다.

한편 이슬람 세력도 가만히 있지 않았다. 맹렬한 반격 끝에 1244년에는 예루살렘 탈환에 성공한다. 십자군은 괴멸 직전에 내몰렸고, 템플기사단도 키프로스 섬으로 본거지를 옮겨야 했다.

게다가 1307년에는 템플기사단의 막대한 부를 탐낸 프랑스의 필리프 4세가 기사단의 조직을 파괴하고 재산을 몰수하는 조치를 취했다. 그리고 기사단을 일제히 체포한 다음 갖은 고문을 자행해 부당한 죄를 덮어씌웠다.

결국 1314년, 기사단의 대총장인 자크 드 몰레(Jacques de Molay)를 비롯한 지도자들이 화형에 처해졌다. 그렇게 템플기사단은 종말을 맞이하는 듯했다.

십자군전쟁 패전 이후 템플기사단의 행방

? 프랑스 템플기사단의 일부가
스코틀랜드로 건너가
비밀결사대 프리메이슨을 결성?

북 해

영 국

독 일
가벼운 형벌로 끝났고,
단원은 국내의 다른 기사단에
합류하거나 환속했다.

대 서 양

프 랑 스
프랑스 국내의
기사단은 전멸했다.

이 탈 리 아
가벼운 형벌로 끝났다.

포 르 투 갈
'그리스도기사단'으로
명칭을 바꾸고
존속했다.

스 페 인
가벼운 형벌로 끝났고,
대부분 독일기사단으로
합류했다.

지 중 해

스코틀랜드로 피신한 뒤,
석공으로 일하며 비밀 조직을 결성

하지만 모든 것이 필리프 4세의 뜻대로 되지는 않았다. 프랑스 이외 국가에서는 템플기사단에 대한 탄압이 약했기 때문에 나머지 단원들이 모두 독일기사단과 요한기사단(병원기사단, 중세 서유럽의 3대 종교기사단 중 하나로, 11세기 중엽 병상자(病傷者)를 보살피는 구호단으로 시작하여 십자군전쟁 때 의료 활동을 한 전투적인 종교기사단)으로 이적한 것이다. 그리고 포르투갈의 템플기사단은 명칭을 그리스도기사단으로 바꾸고, 대항해 시대에 선단(船團)과 함대를 조직해 활약했다. 프리메이슨은 그 기사단 중 일부가 스코틀랜드로 피신한 뒤, 그곳에서 석공으로 일하며 비밀리에 조직한 단체로 추측된다.

템플기사단은 조직의 본래 목적과는 거리가 먼 솔로몬 신전의 발굴 작업에 깊이 관여했다는 일화가 남아 있다. 신전 터에 있는 막대한 양의 보물과 마법, 주술 서적 등을 찾아낼 속셈이었다는 것이다. 솔로몬 신전을 설계한 건축가 히람 아비프가 프리메이슨의 멤버였다는 사실이 이러한 내용을 뒷받침한다.

또한 1808년에는 프리메이슨의 회원들이 템플기사단 대총장인 자크 드 몰레의 위령제를 주관했다. 더욱이 회원의 지위를 나타내는 계위(階位)도 템플기사단의 체계와 비슷하고, 입회 의식이나 절차에도 기사단의 사상이 짙게 반영되어 있다고 한다. 그러나 프리메이슨과 템플기사단과의 관계는 여전히 수수께끼이다.

바이킹족은 잔혹한 침략자인가, 유럽 대륙의 구세주인가?

유럽 전역에 바이킹족의 피가 흐른다?

옛날 바이킹족은 북유럽 전체를 공포로 몰아넣은 해적으로 유명하다. 그런 그들이 유럽 제국의 형성에 지대한 역할을 했다는 사실은 거의 알려져 있지 않다. 바이킹족은 크게 노르인(노르웨이인), 스웨드인(스웨덴인), 데인인(덴마크인)의 세 부족으로 나뉘며, 현재의 노르웨이, 스웨덴, 덴마크 같은 북유럽 나라들의 민족적 뿌리를 형성하고 있다.

8세기 말경, 바이킹족은 유럽 전역으로 대거 남하하여 프랑스, 영국, 러시아, 이탈리아 등에서 영지를 얻은 후 국가를 건설하는 데 주도적인 역할을 했다.

재현한 바이킹, ⓒ I, Silar, Wikimedia Commons

　바이킹족에 의한 유럽 침공의 역사를 다룬 기록에는, 그들이 793년 잉글랜드 동해안의 린디스판(Lindisfarne) 섬에 상륙하여 수도원을 습격했다고 적혀 있다. 이후 뛰어난 항해 기술을 살려 유럽 각지를 계속 침공했고, 911년에는 대책 마련에 고심한 프랑스 왕 샤를 3세에게서 센 강 하류 지대를 하사받아 노르망디 공국을 건국하기에 이른다. 바이킹족은 계속해서 잉글랜드 정복에 나섰고, 마침내 1066년 노르만 왕조를 건국하는 데 성공했다. 이로써 잉글랜드에서 프랑스어가 공용어로 사용되는 기묘한 상황이 연출되었다.

　한편 862년에는 러시아에 노브고로드 공국을, 882년에는 키예프 공국을 세웠으며, 1130년에는 이탈리아에 시칠리아 공국을 건국했다. 이와 같이 유럽 대륙 각지에 바이킹족의 국가가 차례차례 탄생했다. 이것은 곧 북유럽 이외 유럽 전역에 걸쳐 바이킹족의 피가 흐르는 사람이 많다는 것을 의미한다.

바이킹족이 유럽 정벌에 나섰던 절실한 이유는?

바이킹족의 원정은 유럽 대륙에만 그치지 않았다. 그들은 10세기경 아이슬란드와 그린란드를 발견했고, 아이슬란드와 그린란드에 식민지를 건설하기까지 했다. 그뿐 아니라 11세기 초에는 북아메리카까지 갔다는 설도 있다. 여기서 한 가지 의문이 생긴다. 그들은 왜 갑자기 그렇게 먼 곳으로 대이동을 시작한 것일까? 세 가지로 생각해볼 수 있다.

첫째, 환경과 인구 문제 때문이다. 바이킹은 그때까지 농업과 목축, 어업으로 생계를 이어갔다. 그러나 농지가 협소하고 기후가 한랭했던 탓에 식량의 생산량이 부족했다. 한편 혹독한 환경과는 다르게 인구가 계속 증가했으니 자연히 식량이 부족해졌다. 따라서 식량을 구하기 위해 신천지를 찾아 이동할 수밖에 없었다.

둘째, 경제 상황의 변동 때문이다. 당시 유럽은 이슬람 세력이 대거 밀려들어, 나라마다 경제적으로 큰 타격을 입고 있었다. 이것이 유럽

유럽 전역에 걸친 바이킹족의 침략 경로

VIKINGS

레이캬비크

❹ 아이슬란드 식민 지배

노브고로드
공국 건국
(862년)

❶

노브고로드

• 제부르크

• 비스크라우펜카

키예프

요크

런던

홀린슈테데

• 루앙

❸ 노르망디 공국
건국(911년)

• 보르도

로마

비잔티움

리스본

❓ 바이킹족이 남하한 이유

① 토지 부족과 식량난
② 이슬람 세력의 압박에 따른 경제 악화
③ 권력 다툼에서 패한 자들의, 신천지에
　대한 갈망

❺

시칠리아 공국
건국(1130년)

❷

키예프 공국
건국(882년)

◄── 바이킹족의 침략 경로
　　　노르만인의 거주지

과 교역하던 바이킹족의 경제에도 큰 영향을 미친 것이다.

셋째, 사회 구조의 변화 때문이다. 기존의 바이킹 사회는 각지에 유력자들이 즐비한 군웅할거의 사회였다. 하지만 점차 왕을 정점으로 하는 중앙집권적 지배 구조가 성립되었다. 그러자 권력 다툼에서 패한 사람과 새로운 지도자를 원하지 않는 사람들이 신천지를 찾아 바다를 건넜던 것이다.

유럽 대륙의 사람들은 잇달아 남하하는 바이킹족의 잔혹한 침략 행위를 매우 두려워했다. 물론 바이킹족이 유럽 대륙의 사람들에게 공포만 안긴 것은 아니다. 이슬람 국가들과의 상업 활동을 통해 얻은 막대한 은화로 유럽의 화폐 경제를 활성화한 측면도 있기 때문이다.

대학살을 일삼은 훈족은
당시 유럽인에게는 악마와도 같았다

4세기경부터 유라시아 대륙 각지에서 대학살을 일삼으며 '악마의 모습'으로 사람들을 공포 속으로 몰아넣은 훈족이라는 유목 민족이 있었다. 땅딸막한 체격에 거무스름한 피부, 가는 눈과 넓적한 코, 뻣뻣한 흑발, 스스로 몸에 상처를 내 문신하는 습관이 있으며, 마멋과 쥐의 가죽을 이어 만든 옷을 걸친 훈족은 당시 유럽인들에게 악마와도 같은 공포스러운 존재였다.

그들은 말과 활을 잘 다루고 기동성이 뛰어났다. 말을 다루는 뛰어난 솜씨는 그들에게 생활의 일부분이기도 했다. 그들은 걷는 것 다음으로 말 타는 법을 배우고, 말의 등 위에서 식사를 하고 잠도 잤으며, 심지어는 용변도 말 위에서 처리했다는 이야기가 전해질 정도였다. 일상을 모두 말 위에서 보내는 것이 유목민인 그들에게는 자연스러운 생활 습관이었다.

이런 관습은 유럽의 여러 국가들에 큰 인상을 남겼고, 사절단이 훈족을 방문할 때마다 훈족의 수장들은 대부분 말 위에서 그들을 맞이했다. 심지어 국사를 논의할 때조차도 말 위에서 하는 것을 좋아했다고 전해진다.

또한 활솜씨는 기마술과 함께 그들의 자랑거리였다. 화살의 최대 사정거리는 약 300m, 살상 가능 거리는 약 150m 정도로 적군들에게는 공포의 대상이었다.

그들은 말을 탄 채 기묘한 소리로 포효하며 대규모로 정면 공격을 하거나 기병 소부대로 전방위 공격을 했는데, 말 위에서 활을 쏘면 50m 앞의 움직이는 목표를 명중시켰다고 할 정도이다. 이처럼 강한 전투력을 자랑하는 그들을 만나면 유럽인들이 도망가기 바빴다는 말이 전혀 과장이 아니다.

고대 유럽의 역사가들은 이 유목민 출신의 기마민족에 대해 '인간의 모습을 거의 찾아볼 수 없다'라고 기술할 만큼 야만인으로 취급했다. 훈족에 침략당한 유럽인들은 그들의 야수 같은 잔인함에 치를 떨었다.

4세기 후반부터 6세기에 걸친 게르만족의 대이동도 훈족의 영향이었다고 알려진다. 훈족은 중앙아시아에서 서쪽으로 나아가 유럽의

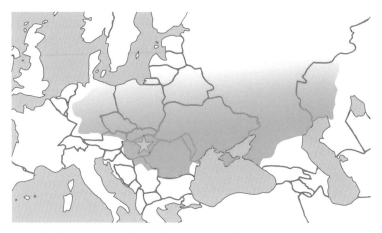

아틸라의 최대 판도(434-453년), 별을 중심으로 초록색 부분, Wikimedia Commons

게르만족을 위협했다. 먼저 볼가 강 유역의 남러시아로 들어간 다음, 돈 강과 드네프르 강을 건너 이탈리아와 유럽 중심부로 거침없이 진격했다.

375년에는 흑해 북안에 사는 게르만족의 일족인 동고트족을 제압한 다음 서고트족을 몰아냈다. 그러자 다른 게르만족들도 연쇄 반응을 일으키듯 일제히 이동하기 시작했다. 훈족의 침략에 따른 게르만족의 대이동으로 부르군트족과 프랑크족, 앵글로색슨족, 반달족도 속속 남하하여 각지에 나라를 세웠다. 서고트족은 이베리아 반도, 동고트족은 이탈리아 반도에 나라를 세웠다.

공포의 훈족은 유럽 전역에서 역사적인 민족 대이동을 야기하며 고대 유럽의 지도를 크게 뒤바꾼 것이다.

유럽의 역사 속에서는
훈족의 흔적조차 찾아볼 수 없다

유럽의 지도와 역사를 바꿀 정도로 영향을 미친 훈족에 관한 역사적인 자료는 거의 남아 있지 않아 궁금증을 더할 뿐이다. 민족명의 유래, 당시 유럽인에게는 악마 같은 존재였다는 사실, 그리고 지도자 아틸라(Attila)의 이야기 정도만 기록되어 있다.

게다가 유목 민족이었던 그들은 정주 민족을 무지막지하게 습격하고 약탈한 후에는 다른 지역으로 이동을 계속했다. 그래서 일정한 지역에 정착해서 나라를 세우거나 도시를 구축한 흔적을 찾아볼 수 없을 정도로 금세 어딘가로 사라져버렸다. 이러한 민족적 특징이 그들의 정체를 더욱 미스터리하게 만들었다.

그들의 정체에 대해서는 몇 가지 설이 제시된다. 먼저 흉노족이라는 설이다. 서흉노족은 기원전 43년부터 기원전 36년에 걸쳐 중앙아시아에 일대 제국을 재건하고자 했던 종족이다. 한나라의 원정군에 패하여 서진한 후 170년경부터 볼가 강 동부에 정착했으며, 유럽인들에게 '쿠노이'라고 불렸다고 한다. 쿠노이를 로마자로 옮길 때 'Chuni', 'Hunni', 'Unni' 등으로 철자가 바뀌면서 훈족이 되었다고 보고 있다. 그러나 흉노족과 훈족이 같은 민족이라는 결정적인 근거는 발견되지 않았다.

한편 북쪽의 우랄 산맥 근처에서 살던 민족이 아무도 모르는 길을 통해 나타났다는 설도 있다. 바로 기원 전후의 중국 사료에 등장하는

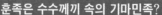

훈족은 수수께끼 속의 기마민족?

說 ① 흉노족설

초한 시대의 흉노족

흉노족

초원지대

게르만족

흑해

카스피해

아랄해

텐산산맥

몽골

중국

지중해

❗ 현재로서는 초원 지대에 흉노족이 머문 흔적을 찾아볼 수 없다. 흉노족의 일부가 서쪽으로 이동해 훈족이 된 것일까?

1 우랄 강	4 드네프르 강
2 볼가 강	5 드네스트르 강
3 돈 강	6 도나우 강

說 ② 쿤족설

투르크계의 쿤족

흉노족

게르만족

흑해

카스피해

아랄해

텐산산맥

몽골

중국

지중해

❗ 쿤족에 대한 기록이 적어 그 정체는 미스터리로 남아 있다.

쿤족이다. 킵차크 혹은 쿠만이라고 불리는 그들은 투르크계의 민족과 전사들의 연합이다. 이르티슈 강 유역에서 왔고, 유르트라는 이동 천막에서 생활했으며, 일부 부족은 중국의 국경 근처에 기원을 둔 것으로 추정된다.

또한 훈족은 단일 민족이 아니라 몽골계, 투르크계 등이 섞인 다민족이라는 설도 있으나 정체가 아직도 판명되지 않고 있다.

아가사 크리스티의 실종 사건은 자작극인가?

영국 런던에서 발생한 아가사 크리스티의 실종 사건

요즘 같으면 〈신비한 TV 서프라이즈〉에나 나올 법한 '인기 작가 실종 사건'이 영국 런던에서 발생했다.

1926년 12월 어느 날, 인기 추리소설 작가인 아가사 크리스티(당시 36세)가 드라이브를 하러 자택을 나선 뒤 행방불명된 것이다. 사건 다음 날 아침, 자동차는 발견되지만 아가사의 행방은 여전히 묘연했다. 영국은 발칵 뒤집혔고, 경찰이 필사적으로 수사를 펼쳤지만 단서를 찾을 수 없었다. 영국 항공대의 대령이었던 남편 아치볼드 크리스티가 정보 제공자에게 500파운드를 사례하겠다고 발표했지만 효과는 없었다.

사건인가, 사고인가? 아가사의 신변에 대체 무슨 일이 일어난 것인 가? 세상에 이런저런 소문이 무성한 가운데 아가사가 실종 11일 만 에 자택에서 약 400킬로미터나 떨어진 노스요크셔 주의 온천 도시인 해러게이트의 한 호텔에서 발견된다.

경찰과 함께 호텔을 찾은 그녀의 남편 크리스티 대령은 아가사가 테레사 닐이라는 이름으로 숙박 중인 것을 확인한다. 그런데 실종 당 시 니트 스커트에 카디건, 벨루어 모자의 가벼운 옷차림으로 나갔던 그녀가 호텔에서는 당시에 유행하던 옷으로 온몸을 치장하고 돈도 300파운드나 갖고 있는 등 몇 가지 수상한 점이 발견된다. 그 때문에 아가사의 실종과 관련한 여러 가지 억측이 난무하기 시작했다.

언론은 자신의 작품을 홍보하기 위해 자작극을 벌였다고 비판

호텔에서 발견된 당시, 아가사는 자신이 누군지도 모를 만큼 기억을 잃은 상태였다. 정신과 치료를 받으며 실종되었던 기간의 기억은 대 부분 찾았지만, 자택을 떠나던 날의 차림새와 호텔까지의 여정 등은 여전히 기억하지 못했다. 그 이유로는 당시 불안정했던 그녀의 정신 상태가 대두되었다.

당시 남편 크리스티 대령은 낸시 닐이라는 여성과 불륜 관계를 맺으며 아가사에게 이혼을 요구하고 있었다. 또 실종 사건 직전에는 어머니가 사망하여 그 충격으로 불면증과 조울증에 시달리고 있었다. 이러한 정신적 스트레스가 기억 상실을 유발하여 미스터리한 실종 사건으로 이어졌다는 것이다.

한편 이 모든 것이 아가사의 자작극이라는 설도 제기되었다. 당시의 한 신문 기사에 따르면, 사건 다음 날 아가사는 반지를 수선하기 위해 해롯 백화점에 들렀고, 수선이 끝나면 해러게이트 호텔의 테레사 닐에게 발송하도록 부탁했다. 물론 호텔에 도착한 반지는 그녀가 직접 받았다.

만약 아가사가 기억 상실에 걸릴 만큼 정신 상태가 불안정한 상황이었다면 어떻게 이와 같은 치밀함을 보일 수 있었을까? 또 아가사가 사용한 테레사 닐이라는 이름이 남편의 불륜 상대인 낸시 닐과 비슷한 점, 신문에 '남아공화국에서 온 테레사 닐의 친구와 가족은 연락주세요'라는 기묘한 광고를 낸 점 등이 여러 가지 의문을 품기에 충분하다.

이런 여러 정황으로 인해 사람들은 그녀가 자신의 작품을 홍보하기 위해 일부러 자작극을 벌였다고 생각하게 되었다. 사건의 진상은 지금도 밝혀지지 않았으며, 아가사 본인도 사건에 대해서는 철저하게 함구했다. 세계적으로 유명한 미스터리 여왕의 실종 사건은 지금도 여전히 수수께끼로 남아 있다.

미스터리 여왕의 미스터리한 잠적 사건

→ 11일간 실종되기 전 아가사 크리스티?

1 1926년 4월. 어머니 클라라(72세)가 세상을 떠남. 어머니는 그녀의 삶에 큰 영향을 주었다.

2 남편 아치볼드는 친구 여비서 '낸시 닐' 과 함께 유럽 여행을 다녀옴. 그 후 이혼을 요구.

3 당시 출간한 소설《애크로이드 살인 사건》은 히트 쳤으나 논란이 불거진 이후 평단의 냉혹한 평가를 받는다.

(1890.9.15~1976.1.12)

스완하이드로 호텔
(해러게이트)

3 실종 기간 중(12.11) 의문의 신문 광고를 냈다.
"남아공화국에서 온 테레사 닐의 친구와 가족은 연락주세요."

4 호텔 직원의 신고로 11일 만에 발견.(12.14) '테레사 닐' 이란 가명 으로 호텔에 숙박 중, 경찰에게 "그동안의 기억이 전혀 없다"며 자신의 실종에 관해선 함구.

자택에서 약 400km 떨어진 곳

영 국

런던

1 1926년 12월 3일 밤 10시, 드라이브 간다며 외출 이후 연락 두절.

스마일스 저택
(서닝데일)

차량 발견
(뉴랜즈 코너)

2 다음 날 자택서 22km 떨어진 곳에서 브레이크가 고장 난 차량 발견. 수색 인원 1만 5,000명이 동원된 아가사 실종 사건은 영국 내 빅뉴스.

결혼 정책으로 유럽을 지배한 합스부르크가

"전쟁은 다른 나라에 맡겨라. 그대 행복한 오스트리아여, 결혼하라!"

"전쟁은 다른 나라에 맡겨라. 그대 행복한 오스트리아여, 결혼하라!"

오스트리아에 전해 내려오는 유명한 말이다. 이것은 여러 대국이 팽팽하게 맞서던 중세 유럽에서 가장 거대한 제국을 당당하게 구축한 합스부르크가의 가훈이기도 하다.

합스부르크가는 10세기경 알자스에서 스위스에 걸친 소영주(小領主) 군트람에서 비롯되어 남독일에서 흥한 귀족 가문이다. 그 이름은 11세기 스위스의 아르가우 지방에 하비히츠부르크 성을 지은 후에 불려졌다. 매를 하비히츠부르크라고 불렀기에 붙여진 이름으로 합스부르크가의 상징도 매이다.

유럽에서 가장 긴 역사와 전통을 지닌 대표적인 가문으로 꼽히는 합스부르크가는 13세기 중반, 스위스 북동부에서 프랑스 알자스, 독일의 슈바르츠발트에 걸쳐 비지(飛地, 한 나라의 영토로서 다른 나라의 영토 안에 있는 땅)처럼 땅을 많이 소유했다. 물론 당시에는 그들도 수많은 귀족 중 하나였지만 1273년, 루트비히 1세가 선거를 통해 독일 국왕(신성로마제국 황제)에 즉위하면서 위세를 떨치기 시작했다.

루트비히 1세는 오스트리아를 지배하던 보헤미아 왕국(현재의 체코)과의 전쟁에서 승리한 후 오스트리아를 통치했다. 그 후 15~16세기에 합스부르크가는 마침내 동으로는 러시아와 슬로바키아의 경계인 카르파티아 산맥, 서로는 대서양, 북으로는 네덜란드, 남으로는 시칠리아에 이르는 광대한 지역을 장악했다.

전성기에는 스페인, 나폴리, 서유럽의 3분의 2를 지배

합스부르크가의 전성기에는 무려 서유럽의 3분의 2를 지배했을 정도이니 그 세력이 짐작조차 되지 않는다. 합스부르크가가 급격하게 성장한 비결이 무엇일까?

힌트는 앞부분에서 언급한 '결혼하라!'라는 말에 있다. 즉, 합스부르크가의 놀라운 성장은 교묘하고 복잡한 결혼 정책에 있었던 것

마리아 테레지아, 1742년, 마르틴 반 마이텐스, 슬로베니아 국립미술관

이다.

루돌프 1세로부터 5대째에 해당하는 프리드리히 3세는 아들 막시밀리안 1세를 프랑스 동부에 위치한 부르고뉴 공국의 외동딸 마리와 결혼시켰다. 아들이 없던 부르고뉴 공작 샤를 르 테메레르가 딸 마리를 후계자로 정했기 때문이다. 합스부르크가는 이 같은 방법으로 선진국이었던 부르고뉴를 물 한 방울 묻히지 않은 채 손에 넣었고, 이를

계기로 오스트리아는 크게 번성한다.

또한 막시밀리안 1세는 장남 펠리페를 스페인의 왕녀 후아나와, 장녀 마르가레테는 스페인의 왕세자 후안과 결혼시킨다. 그때 '본가의 가계가 단절될 경우 살아남은 쪽이 영토를 이어받는다'라는 내용의 계약을 주고받는다.

그런데 말이 씨가 되는 것처럼, 공교롭게도 마르가레테와 후안이 결혼하고 6개월 만에 후안 왕세자가 죽어 스페인 왕가의 대가 끊기고 만다. 영토를 넘겨받게 된 오스트리아로서는 넝쿨째 굴러 들어온 호박 같은 행운이었다.

자연스럽게 펠리페의 아들 카를 5세는 스페인의 왕이 되었고, 합스부르크가는 사실상 스페인의 지배권을 손에 넣는다. 그뿐 아니라 카를 5세의 동생 페르디난트 1세는 보헤미아를 지배했던 야기에우워가(리투아니아 대공이던 요가일라가 세운 폴란드의 왕가)의 딸 안나와 결혼하고, 여동생 마리아는 야기에우워가의 왕세자 러요시 2세와 결혼한다. 후에 러요시 2세가 전쟁터에서 죽자 이번에도 그들은 별다른 노력 없이 보헤미아를 차지한다.

마리 앙투아네트의 어머니로 유명한 여제 마리아 테레지아의 시대에는 300년간 원수로 지낸 프랑스의 부르봉가를 상대로 혼인 외교를 펼쳤다. 차남 레오폴트 2세는 19세에 스페인의 공주 마리아 루도비카를 아내로 맞이했고, 그의 딸 마리아 아말리아와 마리아 카롤리네를 각각 이탈리아의 부르봉가와 결혼시켰다.

한편 레오폴트 2세의 누이이자 마리아 테레지아의 막내딸인 마리

결혼 정책으로 영토를 확장한 합스부르크가

잉글랜드 왕국

네덜란드

신성 로마 제국

폴란드

루사티아

실레지아

보헤미아

모라비아

헝가리

프랑슈콩테

프랑스 왕국

티롤

오스트리아

스위스

합스부르크가의
왕자·공주가
스페인 왕가와
각각 결혼.

사보이

밀란

베니스
공화국

오스만
제국

교황령

아라곤

코르시카

나폴리 왕국

스페인 왕국

사르디니아 왕국

시칠리아 왕국

발레아레스 제도

그라나다

알제 베자이아

보나

지중해

멜리야

오랑

튀니스

⚠️ 스페인과 보헤미아, 헝가리 등의 강국을 손에 넣었다.

( )는 재위 연도

막시밀리안 1세 —— 마리 〔병사〕
(1508~1519)

스페인
왕국을
승계

펠리페 —— 후아나

후안 —— 마르가레테

아라곤·카스틸리아가〈스페인〉

❌ 후계자
없음

스페인
왕이 된다

〔전사〕

카를 5세
(1519~1556)

보헤미아와
헝가리 승계

페르디난트 1세 —— 안나
(1556~1564)

러요시 2세 ┬ 마리아

야기에우워가〈보헤미아·헝가리〉 ❌

앙투아네트는 프랑스의 부르봉가, 즉 루이 16세와 결혼시켜 부르봉 가와의 유대를 확고히 다졌다.

　이와 같이 철저한 정략결혼으로 칼에 피 한 방울 묻히지 않은 채 세계 최강국을 이룬 오스트리아. 세계 역사에서 정략결혼을 통해 이렇게 대제국을 일군 나라는 오스트리아밖에 없을 것이다. 피는 칼보다 강한 법이다.

의문의 거석 스톤헨지는
고대의 천문대였다는 것이 통설

영국 남부 솔즈베리 평원에 우뚝 서 있는 스톤헨지는 북반구에서 밤이 가장 긴 동지가 되면 관광객 수천 명이 모여드는 곳으로 유명하다. 스톤헨지는 1986년에 세계문화유산에 등재된 원형의 고대 유적으로, 고대 켈트족의 종교 드루이드교의 교인들은 오래도록 스톤헨지를 심령론의 중심지로 믿었다.

그런데 겉모습만으로는 이 기묘한 돌덩이의 용도가 무엇인지 정말 상상하기 어렵다. 스톤헨지 중심부에는 높이 4미터의 돌기둥 30개가 일정한 간격으로 줄지어 선 채 지름 약 30미터의 원형을 이룬다. 돌

기둥 위에는 가로돌이 올려져 있고(멘히르menhir, 선돌), 안쪽에는 문처럼 생긴 거대한 돌 다섯 쌍이 있다(트릴리톤trilithon, 삼석탑. 곧게 선 두 돌 위에 한 개의 돌을 얹은 탑). 그리고 블루스톤이라는 가공된 현무암 약 80개가 늘어서 있다.

이 돌들이 어디에서 왔는지 조사한 결과, 놀랍게도 트릴리톤 군은 그곳에서 약 30킬로미터 떨어진 에이브버리, 블루스톤은 약 200킬로미터 떨어진 프레셀리 산맥에서 운반된 것으로 확인되었다. 대체 최대 50톤이나 되는 거대한 돌을 어떻게 운반하고, 어떻게 4미터 위로 올린 것일까?

무엇보다도 가장 큰 미스터리는 이 돌의 용도이다.

19세기 천문학자 제럴드 호킨스는 천체의 움직임과 돌기둥(블루스톤)을 이었을 때의 방향 관계를 조사한 결과, 기원전 1500년경의 태양 및 달의 운행과 관련이 있다고 발표한다. 하지, 동지의 일출과 일몰의 방향이 돌기둥의 위치와 정확하게 일치했다. 이로써 스톤헨지가 고대의 천문대였다는 것이 통설로 자리 잡는다.

스톤헨지가 환자들의 순례지였다는 새로운 설이 등장

그러나 2006년 9월, 천문대설을 뒤집는 발견이 있었다. 스톤헨지에서 북동쪽으로 약 3킬로미터 떨어진 더링턴 월스 유적지에서 8채의

17세기의 스톤헨지, 1646년, 블라우, Wikimedia Commons

주거 흔적이 발견된 것이다. 이곳은 원형의 나무 기둥(우드헨지)이 출토된 곳이다. 이후 주거지 8채 가운데 6채는 일반적인 주거 공간이고, 나머지 2채는 종교 의식을 행하던 건물이었다는 것이 밝혀진다. 또 동물 뼈와 토기도 다량 발견되었는데, 방사성탄소 연대 측정 결과 스톤헨지와 같은 시대에 만들어진 것으로 확인되었다.

따라서 이곳은 스톤헨지 건설에 참여한 사람들의 거처로 추정했다. 게다가 화장의 흔적이 다수 발견된 것으로 보아 스톤헨지는 죽은

스톤헨지의 용도는 무엇이었을까?

說 고대의 천문대설

? 태양 빛의 방향이 돌기둥의 위치와 일치

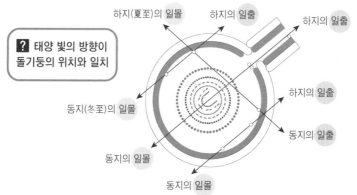

하지(夏至)의 일몰

하지의 일출

하지의 일출

동지(冬至)의 일몰

하지의 일출

동지의 일출

동지의 일몰

동지의 일몰

說 복합 종교 시설설

? 스톤헨지도 묘지로 사용되었다?

주거 및 화장의 흔적이 발견되었으므로 종교의식을 거행했을 가능성이 있다.

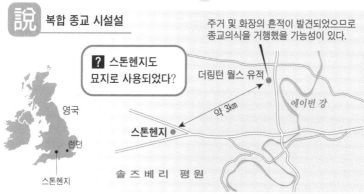

영국

런던

스톤헨지

더링턴 월스 유적

약 3km

에이번 강

스톤헨지

솔 즈 베 리   평 원

사람을 기억에 남기고 매장하는 장소, 즉 묘지 역할을 한 것으로 결론을 내렸다.

한편 2009년, 스톤헨지가 환자들의 순례지였다는 새로운 설이 등장하여 주목을 끈다. 유적 중앙에 말발굽처럼 서 있는 블루스톤은 질병 치료에 효과적인 돌로 유명해서 세계 각지에서 환자들이 순례길에 올랐을 가능성이 있다는 것이다. 이를 증명하듯 주변에 매장된 유체 대부분에서 외상과 기형의 흔적이 발견되었다.

스톤헨지를 둘러싼 진실은 무엇일까? 혹시 기존의 설과는 전혀 다른 의도로 만들어진 것은 아닐까? 아직 미스터리는 풀리지 않았지만, 그 신비한 베일이 조금씩 벗겨지고 있는 것은 사실이다.

지중해의 몰타 섬에 있는
거석 신전은 어떻게 만들었나?

돌 하나의 무게가 20톤,
높이는 7미터에 이른다

지중해의 다이아몬드라고 불리는 몰타는 이탈리아 시칠리아 섬 남쪽에 있으며, 유럽의 부호들이 별장을 가지고 있을 정도로 풍광이 수려하다. 우리나라 강화도보다 조금 더 작은 이곳은 선사시대의 건축술과 종교관을 엿볼 수 있는 거석 기념물로 더 유명하기도 하다.

지금까지 여기에서만 24개의 신전이 발견되었는데, 이미 무너진 것까지 포함하면 40여 개에 이른다.

특히 몰타 섬에는 하가르 킴(Hagar Qim), 므나이드라(Mnajdra), 타르젠(Tarxien), 스코르바(Skorba), 타하그라트(Ta'Hagrat) 등 5개 신전이 가장 유명하다.

　대표 신전인 하가르 킴의 내부에서는 생명의 나무로 추정되는 부조가 새겨진 제단, 별과 태양을 새긴 돌조각이 출토되었다. 그뿐 아니라 타르젠 신전에서는 다리만 남은 인물상과 소용돌이 문양, 돼지와 황소 그림 등이 발견되었다.

　발견된 신전 대부분은 기원전 4500년~기원전 2000년경 건축된 것으로 추정되며, 가장 오래된 스코르바 신전은 이집트의 피라미드보다 1천 수백 년이 앞선다. 환상적인 아틀란티스 문명의 유구(遺構, 옛날 토목 건축의 구조와 양식의 실마리가 되는 자취)가 아니냐는 의견이 있을 정도이다.

　신전을 차례대로 살펴보면 구조가 매우 신기하다는 것을 알 수 있다. 가령 하가르 킴 신전은 거석이 간격도 없이 쌓아 올려져 있는데, 돌 하나의 무게가 약 20톤이며 높이는 7미터에 이른다.

　이렇게 거대한 돌을 어떻게 운반한 것일까? 현지에서 전하는 이야기로는 구름을 뚫고 나갈 만큼 몸집이 큰 여자가 옮겼다고 하는데, 어디까지나 말 그대로 전설일 뿐이다.

　한편 므나이드라 신전에는 천문학 지식을 활용한 흔적이 보인다. 이 신전의 벽에는 하지와 동지 새벽에 햇빛이 들면 바람에 펄럭이는 깃발 같은 그림자가 비친다.

　할 사플리에니의 지하 신전(Hal Saflieni Hypogeum. 기원전 2500년경에 만들어진 거대한 지하 건축물. 처음에는 신을 모시던 공간이었다가 선사시대에 와서는 공동묘지로 사용된 것으로 추정된다)도 특이하다. 이곳은 석회암을 깎아 만든 지

므나이드라 사원, 크렌디, ⓒ sudika, Wikimedia Commons

하 3층짜리 건물인데, 신관이 사용한 것으로 보이는 33개의 방과 홀이 있다. 또한 라스코 동굴 벽화에 쓰인 안료와 같은 재료로 그려진 벽화 및 대량의 사람 뼈가 발견되었다.

이 신전들은 대지의 여신의 유방을 본뜬 것처럼 커다란 반원 두 개가 나란히 놓인 형상이다. 게다가 섬 곳곳에서 '풍만한 여인상'으로 불리는 푸근한 느낌의 하반신 토우가 발견되어, 여신 신앙이 있었던 것으로 추측된다.

몰타 섬의 근해에서 발견된
해저 유적의 정체

몰타 섬에는 이러한 거석 구조물이 많이 있지만, 근처 시칠리아 섬과 사르디니아 섬, 튀니지에서는 비슷한 유적이 전혀 발견되지 않았다. 어째서 몰타 섬에만 이렇게 많은 신전이 만들어진 것일까?

그 미스터리를 풀려면 약 1만 년 전으로 거슬러 올라가야 한다. 당시는 빙하기였으므로 몰타 섬은 유럽과 육지로 이어져 있었을 것이다.

아르달람 동굴(몰타어로 어둠의 동굴. 선사시대 빙하기 말 몰타 섬에서 멸종한 동물들의 뼈 화석이 발견되었고, 약 7,400년 전 인간이 몰타에 정착한 초창기 증거도 발견되었다)의 구석기 시대 동물 층에서, 유럽에서 발견된 것과 같은 종류의 뼈가 출토된 사실이 이를 증명한다. 수준 높은 유럽의 문명이 몰타 섬으로 들어왔다면 대규모 신전이 만들어진 것도 놀랄 일은 아니다. 더구나 몰타 섬에서는 '카트 러츠(cart ruts, 짐수레의 바큇자국)'라는 가는 홈이 발견되었다. 이것은 석회암 대지 위에 두 줄로 새겨져 있으며, 섬여기저기에 자국을 남기고는 바다 쪽으로 사라진다. 그 앞에 있는 것은 다름 아닌 해저 유적이다.

사실 몰타 섬은 최종 빙하기 말기에 발생한 해수면 상승과, 기원전 2200년에 일어난 지각 변동의 영향을 강하게 받았다고 한다. 즉, 해수면이 급격히 상승하여 육지 대부분이 사라지고 건물이 바다 밑으로 잠기면서 유럽의 수준 높은 문명도 함께 종말을 맞이했을 가능성이 있다. 해저 유적이 당시 바다의 제물이 된 몰타 문명의 것이라면 이야

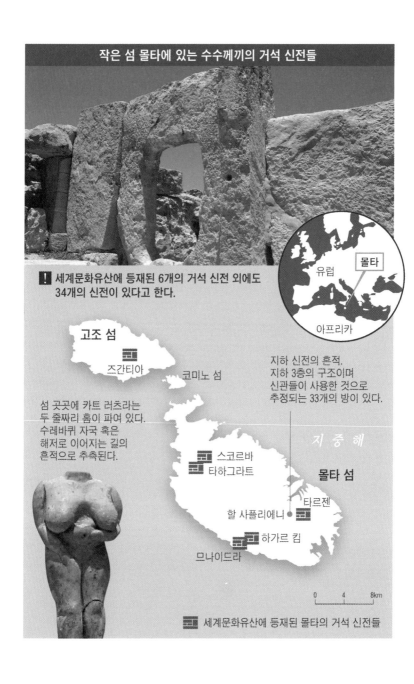

작은 섬 몰타에 있는 수수께끼의 거석 신전들

❗ 세계문화유산에 등재된 6개의 거석 신전 외에도
34개의 신전이 있다고 한다.

유럽

몰타

아프리카

고조 섬

즈간티아

코미노 섬

지하 신전의 흔적.
지하 3층의 구조이며
신관들이 사용한 것으로
추정되는 33개의 방이 있다.

섬 곳곳에 카트 러츠라는
두 줄짜리 홈이 파여 있다.
수레바퀴 자국 혹은
해저로 이어지는 길의
흔적으로 추측된다.

지중해

스코르바
타하그라트

몰타 섬

타르젠

할 사플리에니

하가르 킴

므나이드라

0   4   8km

🔳 세계문화유산에 등재된 몰타의 거석 신전들

기는 앞뒤가 맞는다.

　다만 해수면 상승설은 어디까지나 가설이며, 명확한 답은 아직 나오지 않았다. 진실을 알고 있는 것은 이 섬의 역사를 아로새긴 채 서 있는 거석 건조물뿐이다.

왜 카파도키아는
거대한 지하 도시를 건설했나?

인구 10만 명을 수용하는
지하 도시를 건설한 목적은?

고대에 핵전쟁이 일어났다! 이 황당무계한 가설의 무대는 터키의 수도 앙카라의 중부, 아나톨리아 고원 중동부의 화산 지대인 카파도키아이다.

이곳은 인근 에르지예스 산(Erciyes, 고대의 아르게우스 산)과 하산 산(Hasan)의 분화로 쌓인 화산재가 빗물과 용수에 의해 오랫동안 침식되어 형성된 버섯과 첨탑 모양의 바위로 유명하며, 기원전 1900년 훨씬 이전부터 많은 사람이 살고 있었다. 처음에는 아시리아 상인들이 주를 이루다가 히타이트인들이 유입되었고, 얼마 후 로마 제국의 지배하에 들어갔다. 2세기 말에는 기독교인들이 로마의 기독교 탄압을 피해 이곳으로 이주하기 시작했다.

카파도키아의 대지 아래에는 거대한 '지하 도시'가 잠들어 있다. 지금까지 발견된 지하 도시는 모두 36개인데, 내부에 있는 방의 크기는 평균 13m² 정도이며 거실, 학교, 부엌, 음식 저장고, 와인 양조장, 축사 등 생활에 필요한 모든 공간이 구비되어 있다.

그중에서 가장 유명한 카이마클리(Kaymakli) 지하 도시는 무려 지하 20층 규모이다. 방은 높이 1.5m의 통로로 연결되어 있고, 원반형의 돌문은 침입자를 막아주었다.

가장 놀라운 것은 수용 인원이다. 카이마클리는 1만 5,000명, 데린쿠유(Derinkuyu)는 4만 명, 오즈코낙(Ozkonak)은 6만 명을 수용할 수 있어서, 지하 도시 36곳을 모두 합치면 수용력은 10만 명이 족히 넘는다. 게다가 카파도키아 전역에 아직 발견되지 않은 지하 도시가 400개가 넘는다고 하니 규모가 실로 어마어마한 셈이다.

고대 터키를 지배한 히타이트인들이 핵무기에 의해 멸망했다?

이 지하 도시는 4~7세기경 기독교인들이 건설한 것으로 추측되지만, 그보다 훨씬 오래 전부터 있었다는 주장도 있다. 기독교인들은 이곳을 사용만 했을 뿐, 정작 이 지하 도시를 만든 주인공들은 기원전

지하 도시 카이마클리의 큰 방, ⓒ Musik Animal, Wikimedia Commons

17세기경 히타이트인들이라는 것이다.

그렇다면 히타이트인들은 왜 지하 도시를 만든 것일까? 대체 무슨 이유로 10만 명이 넘는 사람들을 수용할 지하 공간이 필요했던 것일까? 상식적으로는 납득하기 힘든 일이다.

어두침침한 지하 생활은 불편했을 것이고, 굴착 작업 등 지하 도시를 건설하는 데 드는 노력과 시간 소모도 굉장한 부담이었을 것이다. 때문인지 이에 대한 대담한 가설로 바로 앞에서 언급한 '핵전쟁설'이 대두되었다.

일찍이 터키 전역을 지배했던 히타이트인들은 강력한 핵무기에 의

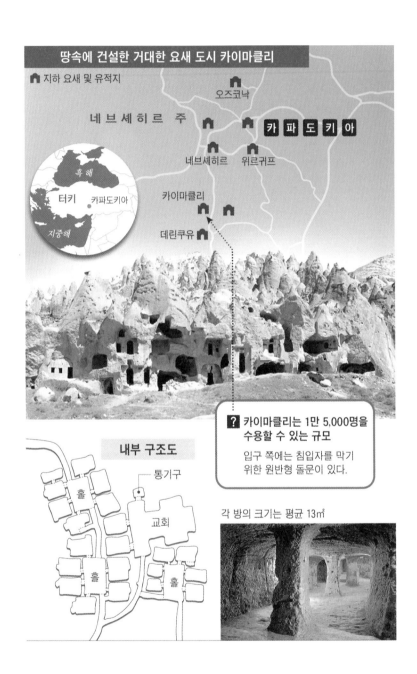

땅속에 건설한 거대한 요새 도시 카이마클리

🏠 지하 요새 및 유적지

오즈코낙

네 브 셰 히 르 주

카 파 도 키 아

네브셰히르   위르귀프

카이마클리

데린쿠유

흑해

터키   카파도키아

지중해

❓ 카이마클리는 1만 5,000명을 수용할 수 있는 규모

입구 쪽에는 침입자를 막기 위한 원반형 돌문이 있다.

내부 구조도

통기구

홀

교회

홀

홀

각 방의 크기는 평균 13㎡

해 멸망했고, 살아남은 사람들은 카파도키아로 도망쳐 이와 같은 거대한 지하 도시를 만들어 몸을 숨겼다는 주장이다. 황당하게 들리겠지만 이를 뒷받침할 근거도 있다. 바로 이스라엘의 고대 지층에서 발견된 녹색의 유리층을 과학적 근거로 제시한다.

이 유리층은 사방 200~300미터 넓이에 두께 약 6밀리미터의 층이며, 광물의 석영(石英)이 수백만 도의 고열에 녹아서 변색된 것이다. 지구 상에서 이 정도의 고열을 낼 수 있는 것은 핵반응뿐이다. 이런 이유로 핵전쟁설이 대두되었으나 이 설은 현재 큰 지지를 얻지 못한다. 그보다는 기독교인들이 로마 제국과 이슬람교도의 박해를 피해 만든 은둔처라는 설에 더욱 힘이 실리고 있다.

어느 쪽이든 카파도키아에 잠들어 있는 지하 도시의 발굴은 시작 단계이니, 앞으로 더 많은 진실이 밝혀질 것으로 보인다.

호박방을 장식한 10만 개의 호박은
어디로 사라졌나?

세상에서 가장 화려한 방이자 세계 8대 불가사의에 들어가는 호박방은 러시아와 독일의 우의를 상징한다. 호박방은 1716년 독일의 프리드리히 국왕이 표트르 대제에게 선물한 것으로, 러시아 상트페테르부르크 교외의 예카테리나 궁전에 있었다. 6톤이 넘는 호박 및 각종 금과 보석으로 장식된 이곳은 200년간 유럽 각지에서 온 손님들을 매료시켰다.

그러나 전쟁은 수많은 문화재와 예술품을 소실시킨다. 과거 '세계의 기적'이라 불렸던 러시아의 호박방도 이런 전쟁으로 잃어버린 보

원래의 호박방, 1931년, 예카테리나 겨울 궁전, ⓒ Branson DeCou, Wikimedia Commons

물 중 하나이다. 제2차 세계대전이 한창이던 1941년, 결국 호박방은
궁전을 점거한 독일군에 의해 해체되었고, 호박을 비롯한 여러 보물
과 장식품 들은 미술품과 함께 독일로 운반된다.

호박방은 그 이듬해부터 독일 쾨니히스베르크(지금의 칼리닌그라드)의
성에 보관되었으나, 1945년 소련군에게 이 지역을 침공당할 위기에
빠지게 된다. 쾨니히스베르크 성도 공격 대상이 되었기 때문이다. 그
러자 호박방은 다시 해체되고, 나무 상자에 나누어 담겨 유출되었다.

하지만 그 후 행방이 묘연해진다. 10만 개나 되는 호박은 대체 어디로 사라진 것일까?

쾨니히스베르크를 점거한 소련은 유출된 호박을 되찾기 위해 조사에 들어갔고, 당시 쾨니히스베르크 미술관 관장이었던 알프레도 로데에게 증언을 요구했다. 로데는 호박을 담은 나무 상자가 함락 전날까지는 원래 자리에 있었는데, 이동하기 전에 습격을 당해 성과 함께 잿더미가 되었을 거라고 증언했다. 전란 중에 나치에 약탈당했다는 추측도 있었지만, 누가 어디로 가져갔는지는 현재까지도 미스터리로 남아 있다.

소련과 독일을 샅샅이 뒤졌지만 호박방을 찾지 못하자 소련은 잃어버린 호박 찾기를 중단하고 급기야 호박방을 복원하겠다는 계획을 수립했다. 이 호박방은 독일 가스 회사가 지원해서 건설되었는데, 복원하는 데 24년이 걸렸고 비용도 110억 원 들었다고 한다.

예카테리나 여름 궁전에 복원된 호박방은 2003년 상트페테르부르크 도시 창건 300주년에 일반에게 공개되었다.

제2차 세계대전 중 나치가 배를 이용해 빼돌렸다?

그러나 당시 호박방 보물의 유출에 대한 로데의 증언은 신빙성이 없었다. 이듬해 레닌그라드 학술회원이 불에 탄 자리를 조사한 결과 호

'세계의 기적' 호박방은 어디로 사라졌나?

예카테리나 궁전의 55개 방 중 하나인 호박방은
호박 세공품과 보석, 그림 등으로 화려하게 장식.
제2차 세계대전 중 궁전을 점거한 독일군이
홀 전체를 해체한 다음 6톤 분량을 독일로 운반.

핀란드

레닌그라드
(상트페테르부르크)

▲ 호박 색상의 돌 원석

노르웨이

스웨덴

발트 해

❶ 독일군이 점령한
예카테리나 궁전에서
호박을 모두 떼어내서
쾨니히스베르크 성으로
운반.

쾨니히스베르크 성
(칼리닌그라드)

덴마크

❷

❸ 동프로이센

소비에트 연방
(구 소련)

☆
☭

함부르크

❹

베를린

나치 독일
卐

작센

슬로바키아

프랑스

오스트리아

헝가리

루마니아

스위스

이탈리아

유고슬라비아

❷ 나치가 함부르크행
구스트로프 호에 실었으나
도중에 배가 침몰**?**
호박방이 불타 없어졌다고
증언한 쾨니히스베르크
미술관 관장은 이후
자취를 감춘다.

호박의 행방

❸ 동프로이센 지휘관 코흐가
쾨니히스베르크 미술관
관장과 손잡고
자신의 집에 은닉**?**

❹ 소련군의 공격을 받았을 때
작센으로 운반될 예정이었던
호박방을 나치가 나무 상자에
담아 베를린으로 운반**?**

박의 잔해가 전혀 발견되지 않았기 때문이다. 그뿐 아니라 로데가 호박 애호가였다는 점도 드러났다. 소련은 비밀경찰을 투입해 로데를 다시 조사하려고 했지만, 그가 이미 모습을 감춘 탓에 조사는 암초에 부딪혔다.

그 후 호박의 행방에 대한 유력한 설이 등장한다. 바로 다음과 같은 나치의 은닉설이다.

나치는 비밀리에 여객선 구스트로프 호에 호박방을 실었다. 1945년 1월 30일, 배는 함부르크를 향해 출항했지만 몇 시간 후 소련 잠수함에 공격당해 침몰한다. 당시 배에는 승무원 1,500명과 승객 8,000명이 있었으나 겨우 950명만 구조되었고, 배 안에서 호박은 전혀 발견되지 않았다.

한편 동프로이센의 지휘관인 에리히 코흐라는 인물이 자택 지하에 숨겼다는 설도 있다. 그는 죽기 전, "내 컬렉션이 있는 곳에 호박방이 있다"라는 의문의 말을 남긴다. 그의 하녀가 지하에 매우 큰 공사를 했다고 증언하면서 이 설을 뒷받침하기도 했다. 그러나 코흐의 집은 그가 마을을 떠난 후 폭파되어 아무것도 남지 않았다는 보고가 있어 이 설은 신빙성이 떨어진다.

그 외에도 다양한 설이 제기되었으나 여전히 확실한 것은 없다. 다만 수많은 미술품이 전쟁의 와중에 전리품으로 유출되던 시대의 이야기인 만큼 호박방이 어딘가에 남아 있을 가능성을 완전히 부정할 수는 없다. 호박방이 발견된다면 말 그대로 '세계의 기적'이 될 것이다.

눈물을 흘리는
성모 마리아 상이 나타났다!

19세기 이후 성모 마리아에 대한
신앙이 점점 과열

성모 마리아는 알려진 대로 예수 그리스도의 어머니이다. 신약성서에 따르면 그녀는 예수를 잉태했을 당시 요셉이라는 약혼자가 있었다. 하지만 결혼한 상태는 아니었으며, 천사 가브리엘이 방문한 후 처녀의 몸으로 예수를 낳은 것으로 되어 있다.

기독교인들에게 마리아는 구세주의 어머니이므로 마땅히 숭배해야 할 위대한 여성일 것이다. 그러나 19세기 이전까지는 의외로 그녀의 존재가 별로 두드러지지 않았다. 기독교계에 극단적인 남성중심주의가 팽배해 있던 시절이라, 마리아를 그저 예수를 낳은 여성으로만 취급한 것이다.

하지만 19세기 이후 마리아에 대한 신앙이 점점 과열되면서 사람들은 그녀를 예수만큼 숭상하기 시작했다. 마리아에 대한 신앙이 갑자기 그토록 깊어진 이유는 무엇이었을까?

첫 번째 요인은 로마의 제260대 교황 비오 12세가 '마리아의 영원불멸'을 선언한 것이다. 교황은 마리아도 예수처럼 지상의 사람들 앞에 언제든 모습을 드러낼 거라고 목소리 높여 선언하기까지 했다.

비오 12세의 이 선언이 단지 종교적인 것에 그쳤다면 마리아에 대한 사람들의 신앙이 그렇게까지 과열되지는 않았을지도 모른다. 그런데 믿기 힘들지만 마리아는 신자들 앞에 실제로 모습을 드러내기 시작했다. 그것도 한두 번이 아니라 세계 각지에서 수차례 목격되었다.

대체 마리아가 어떻게 신자들 앞에 모습을 보였다는 말인가?

성모 마리아 상이 흘리는 눈물은 '인간의 체액'?

1830년, 마리아는 프랑스 파리의 '성 빈센트 드 폴 자비의 수녀회'의 수녀 카트린느 라부레에게 3번이나 모습을 나타냈다. 마리아는 카트린느에게 자신의 모습이 새겨진 메달을 만들어 신자들에게 나눠주라고 지시했다. 실제로 그 메달은 만들기 시작하고 불과 6년 만에 1천만 개 이상 제작되어 여러 나라에까지 퍼졌다.

눈물 흘리는 성모 마리아 상이 나타났다

1830년
'성 빈센트 드 폴 자비의 수녀회'
의 수녀에게 3번 나타났다.

1846년 단 한 번 나타나 전염병의 유행과
대기근을 예언했으며, 두 가지 다 적중했다.

파리

프랑스

라
살레트

이탈리아

1858년 마리아가 나타난
곳에서 솟아난 물은
병을 치유하는 물로
단번에 유명해졌다.

루르드

1917년
파티마

1947년
로마

포르투갈

1953년
시라쿠사

▶ 세계 각지에서
잇달아 보고되는
'마리아의 눈물'

프랑스, 이탈리아, 한국, 일본, 캐나다, 미국, 멕시코 등

1960년 뉴욕
1975~81년 아키타
1985년 몬트리올
1985년 나주

1989년 플로리다
1995년 로마
2006년 나폴리
2010년 파리

❗ 눈물의 성분을 감정한 결과, 인간의 체액으로 확인되었다.

또한 1846년에는 마리아가 프랑스의 라 살레트에 나타나 전염병의 유행과 대기근을 예언했는데 둘 다 적중한다. 그로부터 12년 후인 1858년에는 프랑스 남서부의 루르드에 홀연히 나타난다. 그 마을에 살던 14세 소녀는 동굴 입구에 조용히 서 있는 마리아를 18번이나 목격했다고 하며, 동굴에서 솟아난 물은 그때부터 병을 치유하는 '루르드의 샘물'이라는 이름으로 전해지고 있다.

이렇게 마리아는 수차례나 사람들 앞에 나타났는데, 마리아에 대한 사람들의 신앙이 더욱 확고해질 수 있었던 것은 '마리아의 눈물' 때문이다. 신비스럽게도 세계 각지에서 마리아 상이 눈물을 흘리기 시작한 것이다.

미국 캘리포니아 주 손튼 교회의 마리아 상은 눈물만 흘리는 것이 아니라 제단 옆으로 움직이기도 한다. 또 마리아 상을 제단 옆으로 옮기면 눈을 움직이고 목을 갸웃댄다는 것이다. 이 모습을 카메라로 찍자 사진의 배경에 예수의 모습이 실루엣으로 나타났다는 이야기도 있다.

마리아의 눈물은 일본에서도 나타난 적이 있다. 아키타 시 가톨릭 성체봉사회 성당에 있는 마리아 상이 1975년 1월부터 1981년 9월까지 총 101번이나 눈물을 흘린 것이다. 그 눈물의 성분을 분석해보니 틀림없는 '인간의 체액'으로 확인되었다. 그저 놀라울 따름이다.

세계 각지에 나타나 무엇인가를 지시하거나 눈물을 흘리는 마리아 상은 무엇을 호소하는 것일까?

탕플 탑에서 죽은 루이 17세가 사실은 살아 있었다?

프랑스 루이 17세의 죽음을 둘러싼, 200년에 걸친 미스터리

프랑스혁명이 일어나고 그 후속 조치로 1793년, 국왕 루이 16세와 왕비 마리 앙투아네트가 단두대의 이슬로 사라진다. 국왕이 처형당한 뒤 당시 8살이던 마리 앙투아네트의 차남이 루이 17세로 즉위하지만 혁명정부에 의해 탕플 탑(Tour du Temple, 원래는 수도원이었으나 프랑스혁명 후 수도회가 폐지되고 혁명정부의 소유가 되면서 감옥으로 사용되었다. 출입구가 좁고 경비가 쉬워 주요 인물의 수감 장소로 이용되었다)에 유폐된다. 이른바 명목상의 국왕이 된 것이다.

혁명의 혼란 속에서 어린 루이 17세는 창문과 문이 봉해지고 외부

탕플 탑, 1795년, 파리 카르나발레 박물관, Wikimedia Commons

와 차단된, 빛과 바람조차 전혀 들지 않는 방에 갇혀 있었다. 겨우 식사만 급식(?)으로 해결했을 뿐 감옥과 다를 바 없었다. 어린 왕세자는 순식간에 폐인이 되었다. 얼마 후에는 걷지도 못하고 정신착란 증세를 보이다가 1795년 결국 죽음을 맞이했다. 사인은 '결핵'이었다.

그러나 이 루이 17세의 죽음에 한 가지 의혹이 있었다.

'탕플 탑에서 죽은 아이는 대역이며, 진짜 왕세자는 탈출했다'라는 의혹이었다. 그렇게 200년에 걸쳐 풀리지 않은 채 남아 있는 미스터리가 탄생했다.

프랑스혁명의 혼란이 수습되고 다시 왕조가 부활하자, 자신이 루이 17세라고 주장하는 사람들이 잇달아 나타났다. 대부분은 가짜로 판명되었지만 1833년에 나타난 칼 빌헬름 나운도르프라는 남자는 왕가의 옛 시종들마저 인정할 만큼 왕세자의 어린 시절 모습을 그대로 간직하고 있었다. 또한 그는 궁중 관계자들만 알 만한 일을 상세히 기억했고, 무엇보다도 우두 자국과 상처, 그리고 얼굴의 기미가 왕세자와 같은 위치에 남아 있었다. 왕가에서는 이 인물이야말로 살아남은 루이 17세라며 일대 소동이 벌어졌다.

프랑스 왕실의 묘에 모셔진 '심장'의 진짜 주인은 누구인가?

이 소동을 수습하기 위해 국왕 루이 필리프는 나운도르프의 신변 조사에 착수하지만 웬일인지 갑자기 조사를 중단한다. 그러고는 그를 체포하여 영국으로 강제 이송한다. 마치 국왕에게 불리한 사실이 나오기라도 한 것처럼 말이다. 이후 진실은 그대로 가려진 채 나운도르프는 1845년 네덜란드에서 숨을 거둔다.

그러나 그가 죽은 후에도 루이 17세의 미스터리에 대한 검증은 계속되었다. 먼저 리옹 시의 감식실험실에서 모발 검사가 진행되었다. 마리 앙투아네트의 유품 속에 있던 루이 17세의 모발을 표본으로 삼아 탕플 탑에서 죽은 아이의 모발과 나운도르프의 모발을 비교 감정했다. 그 결과, 둘 다 루이 17세의 모발과 일치하지 않았다. 전혀 다

진짜 루이 17세인가? 나운도르프의 생애

? 나운도르프가 죽은 후 루이 17세의 어머니인 마리 앙투아네트와의 혈연관계를 증명하기 위해 DNA 감정을 실시했으나 혈연관계가 성립하지 않는 것으로 판명되었다.

북 해

영국

네덜란드

슈판다우 · 베를린

독일 · 브란덴부르크

크로센

파리 (탕플 탑)

프랑스

① 1810년 탕플 탑에서 독일 베를린으로 이송(본인의 주장). 시계 제조업에 종사.
② 1812년 슈판다우로 이사 후 결혼.
③ 1822년 브란덴부르크로 이사, 1825에 위폐를 만든 혐의로 수감.
④ 1828년 출옥 후 크로센으로 이사.
⑤ 1833년 파리로 건너가 루이 17세라고 주장.
⑥ 프랑스 국왕에 의해 영국으로 강제 이송.
⑦ 네덜란드로 이주, 투병 중 1845년 사망.

나운도르프의 행보

른 사람이었던 것이다. 1995년에는 네덜란드의 연구자가 나운도르프의 미토콘드리아 DNA와 마리 앙투아네트 자매들의 DNA를 감정했다. 마찬가지로 '두 사람 사이에 혈연관계 없음'으로 나왔다. 1998년, 이번에는 탕플 탑에서 죽은 아이의 심장에서 미토콘드리아 DNA를 채취하여 감정했다. 그러자 마리 앙투아네트 및 그녀의 자매들과 DNA가 일치했다. 이로써 나운도르프는 루이 17세가 아니며, 탕플 탑에서 죽은 아이가 진짜 루이 17세라는 사실을 밝혀냈다.

그러나 루이 17세의 죽음에 대한 의혹이 풀리는 순간, 그 결과에 대해 또 다른 반론이 제기되었다. 루이 17세의 심장은 그의 죽음에 대한 진상이 거의 규명되지 않은 가운데, 당시 검시 의사가 왕족의 심장을 분리해 보관하는 프랑스 왕실의 전통에 따라 그의 시신에서 꺼내져 알코올에 담가 감옥 밖으로 운반했다는 것이다. 이후 보관 장소가 수차례 바뀌었고, 그 사이 형의 심장으로 바꿔치기되었다는 의혹이 제기되었다.

그렇다면 프랑스 왕실의 묘에 모셔진 '심장'의 진짜 주인은 누구인가?

2장
아시아의 미스터리 역사

《동방견문록》은 마르코 폴로가 지어낸 이야기인가?

마르코 폴로가 동아시아에 발을 디딘 적이 없다?

15세기, 이탈리아 제노바 출신의 항해사 콜럼버스가 아메리카 대륙을 발견했을 때 한 권의 책을 갖고 있었다. 바로 마르코 폴로의 《동방견문록》이다.

이 책은 1298년, 베네치아 출신인 마르코 폴로가 제노바와의 전쟁에 참전했다가 포로가 되어 감옥에 갇혔을 때, 루스티첼로라는 작가에게 구술한 내용을 기록한 것이다. 당시 유럽인들은 중국 등 아시아에 대한 글을 접할 기회가 거의 없었기 때문에, 폴로의 이야기는 각국 언어로 번역되어 유럽에 널리 퍼졌다. 다만 내용이 너무 엉뚱해서 처

《동방견문록》의 한 페이지, 1298-1299
년, 미국, Wikimedia Commons

음에는 독자 대부분이 내용의 정확성에 의문을 품으며 재미있는 이야
기 정도로 치부했다고 한다.

하지만 15세기 후반, 대항해 시대가 열리고 많은 유럽인이 아시아
를 여행하게 되면서 책에 대한 평가가 달라지기 시작했다. 모험가들
이 아시아 각국의 지역 사정과 풍속에 대한 내용이 정확하다고 인정
함으로써 세간에 아시아의 진실을 담은 책으로 인식된 것이다.

초판이 나오고 내용의 정확성을 인정받기까지 무려 200년에 가까
운 시간이 걸렸다. 그렇게 오랜 세월이 흘러 책의 정당성을 공인받았

지만, 최근에는 폴로의 행적을 둘러싼 의혹이 제기되고 있다.《동방견문록》은 폴로의 경험을 토대로 한 모험기로 알려져 있지만, 사실 그는 동아시아에 발을 디딘 적이 없다는 주장이 끊이질 않는 것이다.

마르코 폴로는
정말 중국에 갔는가?

《동방견문록》에 따르면 폴로는 17세 때 보석상이었던 아버지, 숙부와 함께 중앙아시아를 거쳐 동방으로 떠났다. 1274년에는 원나라에 도착하여 초대 황제인 쿠빌라이 칸(몽골 제국의 제5대 칸이자 중국 원나라의 시조. 칭기즈칸의 손자)을 알현한다. 그때 쿠빌라이의 눈에 들어 이후 17년간 측근에서 모셨으며, 공식 외교 사절로서 중국 각지를 여행했다.

《동방견문록》에는 쿠빌라이의 생일과 설 같은 여러 행사를 비롯해 궁중의 축전, 축제, 제후와 사냥을 즐긴 이야기, 심지어는 중국의 지폐와 현지에서 먹은 음식 등 당시 그가 보고 겪은 내용들이 매우 상세하게 기록되어 있다.

하지만 그만큼 구체적인 내용에도 불구하고 당시의 유럽인이라면 반드시 기록했을 법한 중요한 내용들이 빠져 있다. 예를 들면 중국을 대표하는 역사 유적인 만리장성에 대한 언급이 전혀 없다. 중국 각지를 장기간에 걸쳐 여행한 폴로에게 만리장성을 볼 기회가 없었다는 것도 이해하기 힘들다. 또한 중국인이 일상생활에서 늘 마시는 차에

마르코 폴로는 정말 중국에 갔는가?

당시 마르코 폴로의 경로

3 1295년 도착

유럽
콘스탄티노플
베네치아

2 1274년 쿠빌라이 칸의 수도에 도착.
폴로는 17년간 머물며 왕의 신임을
받아 관리직에 오르기도 했다.
일한국에 시집가는 원나라 공주의
호송단에 참가해 고향으로 향한다.

몽고 (원)

카슈가르
일한국
상두
베이징

예루살렘
호르무즈
항저우

인도
파간

1 1271년 출발

아프리카

← 폴로의 여행 경로
◄······ 폴로의 귀국 행로

! 《동방견문록》에는 차(茶) 문화와
만리장성에 대한 언급이 전혀 없다.

새롭게 제기된 가설

몽고 제국의 영역

오고타이한국

킵차크한국
콘스탄티노플
유럽
베네치아

몽고 (원)

차가타이한국
카슈가르
상두
베이징

일한국
항저우

예루살렘
호르무즈
인도
파간

아프리카

! 마르코 폴로는 몽고 제국에 직접 가지 않고
동방을 자주 오가던 가족에게 정보를 수집했다?

대한 이야기도 아예 없다.

더욱 이해하기 힘든 것은 원나라의 역사에 폴로의 이름이 등장하지 않는다는 점이다. 17년이나 쿠빌라이에게 외교 사절의 측근으로 중용되었다면 어떤 형태로든 역사적인 흔적이 남았을 것이다. 폴로뿐 아니라 같이 갔던 아버지와 숙부에 대해서도 아무 언급이 없다는 것은 확실히 어딘가 부자연스럽다.

작가 프랜시스 우드(Frances Wood)는 자신의 저서 《마르코 폴로는 정말 중국에 갔는가?(Did Marco Polo Go To China?)》에서, 폴로는 가족이 무역 거점으로 삼았던 흑해와 콘스탄티노플 이동(以東)으로는 가지 않았을 것이라고 추측한다. 다른 연구자도 폴로는 서아시아 부근까지만 갔으며, 아버지와 숙부에게 들은 이야기를 단지 체계적으로 정리한 것 같다고 말한다.

이런 주장에 대한 진위 여부를 확인할 수는 없지만, 만약 폴로가 남에게 전해 들은 내용만으로 이 정도의 이야기를 만들어냈다면 오히려 그 놀라운 상상력에 박수를 보내야 할 것 같다.

중국의 신화 국가
'하 왕조'가 실제로 존재했다!

중국의 가장 오랜 국가인
하 왕조와 은 왕조는 신화의 세계?

중국은 4,000년 역사를 자랑하는 나라이다. 수, 당, 송, 원, 명, 청 등 여러 왕조가 동아시아의 광활한 땅에서 흥망성쇠를 거듭했다. 그렇다 면 4,000년 전 중국 최초의 왕조를 성립한 주인공은 누구였을까?

20세기 초까지 역사적으로 존재가 증명된 것은 주 왕조였다. 주는 기원전 1050년경 무왕이 세운 왕조이며, 호경(鎬京)에 도읍지를 두고 있었다. 봉건 체제를 확립하고 화북과 중원을 지배했으나, 13대 평왕 의 시대에 그들을 견제한 서방의 공격을 받아 낙읍(지금의 뤄양)으로 천 도했다. 이후 주 왕조는 쇠퇴를 거듭하다가 기원전 256년에 멸망했

얼리터우의 청동 술잔(기원전 2100-1600), 허난 성 옌스, ⓒ Editor at Large, Wikimedia Commons

다고 전해진다.

그런데 신화의 세계로 들어가면 이 주 왕조보다 더 오래된 왕조가 존재한다. 바로 은 왕조와 하 왕조이다. 중국 건국 신화에 따르면 최초에 삼황오제(三皇五帝, 중국 역사의 시조로 알려지는 설화 속의 인물. 3황은 천황, 지황, 인황(혹은 태황)이며, 5제는 황제(혹은 소호), 전욱, 제곡, 제요, 제순이다)라는 전설의 성인이 있었고 하 왕조, 은 왕조가 그 뒤를 이었다. 주 왕조가 등장한 것은 그다음이다.

《사기》 등의 역사 문헌에는 하 왕조가 무려 기원전 2070년에 성립한 것으로 나온다. 지금으로부터 4,000년도 더 전이다. 시조인 우(禹)

는 황허의 치수로 공적을 세워 삼황오제의 순(舜)에게 제위를 물려받았다고 한다. 하 왕조는 뤄양과 정저우(鄭州)가 속한 중국 동북부를 영토로 삼았다. 우 이후에는 제위가 계속 세습되었는데, 그중 17대 걸왕(桀王)은 미녀에게 빠져 정치를 돌보지 않는 바람에 제후(귀족 신분의 신하)의 인심을 잃는다. 걸왕에게 실망한 제후들은 은의 시조인 탕왕(湯王) 밑으로 모였고, 걸왕이 추방당하면서 하 왕조는 멸망한다. 탕왕은 이를 기회로 은 왕조의 시대를 연다. 은 왕조는 북으로는 황허 유역, 남으로는 양쯔 강 유역까지 지배했으며, 고도로 발달한 청동기 문명을 보유했던 것으로 전해진다.

시기적으로 은 왕조에 앞서는 유적이 발견되었다!

역사서에는 분명 두 왕조가 실존한 것으로 기록되어 있으나, 사실 여부는 오랫동안 불분명한 상황이었다. 그동안 왕조의 유적이 발견되지 않았기 때문이다.

그런데 20세기 초반 무렵, 은 왕조의 도읍이었던 허난 성 안양 현에서 유적이 발견되어 두 왕조의 실재 가능성에 무게가 실렸다.《사기》에 적힌 것과 동일한 국명 및 인명이 새겨진 동물 뼈가 발견된 것이다. 이것이 은 왕조의 유적(은허, 殷墟)으로 인정되면서 전설이 아니라 실존했던 왕조로 인정받게 되었다.

중국의 하 왕조·은 왕조 영토

하 왕조(夏 王朝) 기원전 2070~1600년

황허

진양
(晋陽)

夏(하)

서하(西河)

평양(平陽)

원(原) · 제구(帝丘)

안재(安邑) ▫

노구(老丘)

유치(有扈) ·

양성(陽城) ×

양하(陽夏)

양적(陽翟)

양쯔강

황해

허난 성에서 발견된 얼리터우
(二里頭) 유적지

❗ 두 개의 궁궐터를 발견. 지하에는 더 큰
규모의 궁궐이 묻혀 있다?

은 왕조(殷 王朝) 기원전 1600~1046년

· 은 왕조 시대의 도시

황허

은(殷) ▫

황해

殷(은)

양쯔강

은 왕조 시대에 사용된
것으로 추정되는 '화로'

❗ 국명, 인명이 새겨진 동물의 뼈가 발견되었다.

그리고 실재 여부가 증명된 것은 은 왕조뿐만이 아니다. 1959년에는 하 왕조의 것으로 추정되는 유적이 발견되어 발굴 조사가 대대적으로 이루어졌다.

　　고대 역사가이자 고고학자인 쉬쉬성(徐旭生)은 뤄양 근교의 얼리터우(二里頭)라는 마을에서 유적을 조사하던 중 아궁이와 우물 터의 흔적, 묘 수십 기, 대량의 석기, 도기, 청동기 등을 발견했다. 이듬해에는 궁궐터 두 개가 발견되었는데, 방사성탄소 연대 측정 결과 은 왕조 전단계의 유적으로 판명된다.

　　이로써 은 왕조보다 앞서 번성한 도성이 있었다는 것이 확인되었다. 일부 역사학자는 이것을 하 왕조의 실존 증거로 주장하기도 한다. 그러나 '얼리터우 유적＝하 왕조'라는 주장은 아직까지는 가설에 불과하다. 더구나 하 왕조는 전설 속의 왕조인지 실재했던 왕조인지조차 불분명하다. 두 개의 궁궐터 밑에는 아직 대규모의 궁궐이 묻혀 있다는 조사 결과도 있다.

　　하 왕조의 실재 여부는 그 궁궐이 완전하게 발굴될 때 비로소 완벽하게 증명될 것이다.

세계 최대의 건축물, 만리장성의 풀리지 않는 수수께끼

진시황이 북쪽의 흉노를 막기 위해 만리장성을 쌓았다

만리장성은 달에서도 보인다는 말이 있을 만큼 유명하고, 인류가 남긴 최대의 건축물로 꼽힌다.

높이 약 7~8미터, 폭 5~10미터의 성벽이 길게 이어져 있고, 이미 무너진 곳을 포함하면 총 연장거리가 1만 2,000킬로미터에 이른다. 상상을 초월하는 중국의 스케일을 생생하게 실감할 수 있는 미스터리한 유적이다.

만리장성은 잘 알려진 대로 진시황의 지시에 따라 건설되었다. 진시황은 기원전 221년, 군웅할거의 양상을 보이던 춘추전국 시대의

만리장성(2004년 여름), 베이징, ⓒ Samxli, Wikimedia Commons

패자가 되어 흩어져 있던 중국을 깔끔하게 하나로 정리했다. 또한 통화와 도량형(度量衡, 단위) 등을 통일하여 중앙집권 국가를 확립했다.

하지만 그렇게 유능한 진시황에게도 두려운 적이 있었다. 예부터 중국에 들어와 위협을 일삼았던 국경 지대의 흉노였다. 흉노는 북방 지역의 유목민이며, 몽골계와 투르크계 인종으로 알려진다. 또한 유럽 전역을 잔인하게 짓밟았던 훈족의 원조라는 설도 있는데, 그들은 뛰어난 기동력을 무기로 삼아 걸핏하면 중국 국경을 넘어 풍요로운 농경 지대를 약탈했다.

고민을 거듭하던 진시황은 결국 흉노의 침입을 막기 위해 성벽을 쌓기로 했는데, 그것이 오늘날의 만리장성을 만든 시초인 셈이다.

진시황 이전의 춘추전국 시대부터 만리장성이 있었다?

물론 엄격하게 따지면 진시황이 만리장성을 처음 만든 것은 아니다. 진시황 이전 시대에 이미 원형이 존재했다.

만리장성의 기원은 기원전 7세기 전후로 거슬러 올라간다. 앞서 서술한 춘추전국 시대가 그 무렵 시작되었으며 제, 조, 한, 위 등 여러 나라가 중원의 패권을 다투었다. 각국의 제후는 자국의 요충지를 중심으로 성벽을 쌓아 이웃 나라와의 군사경계선으로 삼았다. 다만 북방에 있는 연, 조, 진은 주변국뿐 아니라 흉노에 대한 대처도 필요했기 때문에 '북방의 공격에 대한 대비'의 방편으로 장성을 쌓았다.

그리고 후세 진시황은 각국이 쌓은 이 성벽들을 허물거나 증축하면서 광대한 방위 벽을 만들었다. 즉, 진시황은 '각지에 있는 기존의 성벽을 하나로 합치는' 작업을 한 것이지, 장성을 처음부터 건설한 것은 아니었다.

기존의 성벽을 통합하는 작업은 상상을 초월할 만큼 어려웠다. 나라마다 성벽의 용도와 위치가 제각각이었고, 특히 대부분 산지와 사막에 건설되어 있었기 때문이다. 그래서 식료품과 거주지 등을 확보하기가 매우 어려워 건설 작업에 동원된 많은 사람들이 희생되었다고 한다.

하지만 북방의 이민족에 대한 대책은 중국에 매우 중요한 문제였기 때문에, 진시황이 죽고 진이 멸망한 뒤에도 장성 건설 사업은 계속

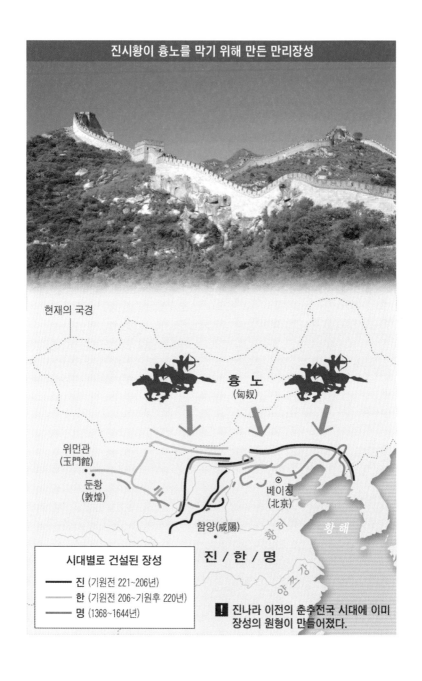

진시황이 흉노를 막기 위해 만든 만리장성

현재의 국경

흉 노
(匈奴)

위먼관
(玉門館)

둔황
(敦煌)

베이징
(北京)

함양(咸陽)

황 해

진 / 한 / 명

시대별로 건설된 장성

― **진** (기원전 221~206년)
― **한** (기원전 206~기원후 220년)
― **명** (1368~1644년)

❗ 진나라 이전의 춘추전국 시대에 이미
   장성의 원형이 만들어졌다.

되었다. 다음 왕조인 한(漢)나라 역시 흉노의 전성기를 구가한 묵돌선우(冒頓單于, 흉노 제국의 건설자. 동몽골의 동호, 북서몽골의 월지를 격파하고, 예니세이 강 상류의 견곤 등을 정복하여 아시아 최초의 유목 국가를 세웠다)의 침공으로 골치를 썩었기에 장성을 보수하는 데 총력을 기울였다. 그 결과 한나라 대에 모든 장성이 둔황(敦煌)에서 신장(新疆)까지 연장되었다.

그 후 흉노의 세력이 일시적으로 약해졌으나 명나라 대에 들어서 다시 거센 침략이 시작되면서 장성의 중요성이 재검토되었다. 명나라는 새롭게 망루를 만들고 병사를 주둔시켜 장성의 방비를 더욱 강화했다.

최근 중국 서남 지역인 칭하이 성(靑海省)에서 새롭게 발견된 장성도 명대에 건설된 것으로 추측된다. 이로써 만리장성은 1,000킬로미터 정도 더 늘어날 수도 있다고 한다. 만리장성의 '전모'가 밝혀지려면 더 많은 시간과 연구가 필요하다.

《삼국지》에 등장하는
적벽대전의 '적벽'은 어디일까?

조조의 북군과 유비와 손권의 연합군이
양쯔 강에서 격돌

적벽대전은 중국 전국 시대의 이야기를 다룬《삼국지》에 등장하는 가장 유명한 전투이다.

시기는 서기 207년 7월, 위(魏)나라의 승상(丞相, 중국의 역대 왕조에서 천자(天子)를 보필하던 최고 관직. 우리나라의 정승에 해당한다) 조조는 남쪽으로 출정하던 길에 촉(蜀)나라의 유비를 꺾고, 군세를 키우면서 손권이 다스리는 오(吳)나라로 향한다.

당시 조조가 이끌던 위군 중심의 북군은 10만이 넘는 규모였기 때문에, 2~3만 군세의 오나라가 이길 가능성은 전혀 없는 듯했다. 그

양쯔 강의 황혼, ⓒ Andrew Hitchcock, Wikimedia Commons

럼에도 대도독(大都督, 전군을 지휘하고 통솔하던 벼슬) 주유(周瑜)와 막료(幕僚,
중요한 계획의 입안이나 시행 따위의 일을 보좌하는 참모) 노숙(魯肅)은 철저한 항
전을 주장한다. 오왕 손권은 전쟁에 패한 유비의 군대와 손잡고, 유비
의 군사로 자신에게 파병된 제갈공명의 신출귀몰한 전략 전술에 따라
조조와의 전면 대결을 결의한다.

　같은 해 12월, 주유가 이끄는 남군이 양쯔 강을 거슬러 올라가 조
조가 이끄는 북군과 강을 사이에 두고 대치했다. 북방에서 내려온 조
조의 군사들은 남방의 습한 기후와 풍토가 맞지 않는 데다가 뱃멀미
로 고생했다. 그런 와중에 조조의 참모가 '연환계(連環計)'를 내놓았다.
배들을 십여 척씩 쇠사슬로 한데 묶은 다음 배 위에 넓은 판자를 깔아

놓으면 사람들과 말들이 마음대로 다닐 수 있어 적에 대한 공격을 쉽게 할 수 있다는 계책이었다.

조조가 연환계로 배들을 한데 얽어매는 것을 본 남군은 화공(火攻)으로 공격하면 북군의 수군을 전멸시킬 수 있다고 생각했다. 남군은 압도적인 병력의 북군에게 노장 황개(黃蓋)를 투항시키는 속임수를 쓰면서, 북군이 방심하는 동안 불을 붙인 배를 동남풍을 타고 적진으로 돌진시켰다.

조조는 수많은 배들이 불에 활활 타는 것을 그냥 바라볼 수밖에 없었다. 수군에 이어 육군도 불화살 공격을 받아 장강 일대는 불바다를 이루었다. 조조 군대는 제대로 한번 싸워보지도 못하고 대부분 수장당한 채, 살아남은 군사들은 줄행랑을 칠 수밖에 없었다.

적벽대전은 조조의 패전으로 끝이 났고, 적은 군대가 뛰어난 계책으로 대군을 물리친 유명한 전쟁으로 세계 전쟁사에 기록되었다. 이것이 후대에 전해지는 적벽대전이다.

양쯔 강 유역의 '적벽대전' 후보지는 다섯 곳이나 된다?

여기서 이제 궁금한 것은 적벽대전이 벌어진 장소가 어디냐는 것이다. 전쟁 이름에 적벽이 붙어 지명으로 생각하기 쉬운데, 이는 붉은색 낭떠러지를 뜻하는 보통명사일 뿐, 고유명사가 아니다.

적벽대전이 일어난 '적벽'은 어디인가?

번성(樊城)
신야(新野)
상양(襄陽)
유비군 일부는 수로로 이동.

← 유비군 진로
← 조조군 진로
← 손권·유비군 진로

장판 전투(長阪)
당양(當陽)
사양(沙洋)
강릉(江陵)
화용(華容)

한천적벽(漢川赤壁)
한양적벽(漢陽赤壁)
황주적벽(黃洲赤壁)

한수이강
유비군 도피로
조조군 후퇴로

사선(沙羨)
하구(夏口)
번구(樊口)

격전지

강하적벽(江夏赤壁)

포기적벽(蒲圻赤壁)

시상(柴桑)

양조강

! 손권·유비 연합군 3만 명이 30만 명의 조조군을 이긴,
세계 전쟁 역사상 전무한 기록을 낳았던 전장터의
유력 후보지인 포기적벽은 현재 유명 관광지가 되었다.

황허
위나라
양쯔강
촉나라
오나라

지금부터 약 2,000년 전에 일어난 전쟁인 만큼 오늘날 그 전쟁터의 위치에 대해 전문가들 사이에서도 의견이 분분하다. 여러 전문가의 주장에 따라 여러 후보지가 잇달아 등장했고, 여러 차례 논쟁 끝에 양쯔 강 유역의 다섯 곳으로 좁혀졌다.

그렇다면 가장 유력한 후보지는 어디일까?

첫 번째 후보지는 우한(武漢) 시 바로 앞, 후베이 성 황강(黃岡) 시 성 밖 자오공(曹公) 북안의 '황주적벽(黃州赤壁)'이다. 이곳은 송나라의 정치가이자 시인 소동파가 〈적벽부(赤壁賦)〉, 〈적벽회고(赤壁懷古)〉 등의 시 작품을 지었다 하여 '동파적벽(東坡赤壁)'으로도 불리며 오랫동안 유력 후보지로 꼽혀왔다.

두 번째는 후베이 성 한수이(漢水) 강 해안의 '한천적벽(漢川赤壁)', 세 번째는 후베이 성 한양 현 아래 한수이 강변 모래사장의 '한양적벽(漢陽赤壁)', 네 번째는 우한 시내 양쯔 강 남안의 '강하적벽(江夏赤壁)'이다.

마지막은 후베이 성의 우한 시 포기 현 양쯔 강 남안의 '포기적벽(蒲圻赤壁)'으로, 최근 '황주적벽'을 제치고 새로운 유력 후보지로 떠오르고 있다. 사료에 있는 지형과 전황 기록, 최근에 발굴된 출토품들이 이를 뒷받침한다. 특히 포기적벽과 양쯔 강을 끼고 있는 오림(烏林)에서는 당시의 유물로 보이는 여러 도검과 화살촉 등이 발견되었다. 이곳은 북군인 조조가 진을 친 곳으로 추정되고 있다.

아무튼 현재로서는 다섯 곳 모두 적벽대전의 무대라고 주장하고 있을 뿐, 어느 곳도 확정된 바는 없다.

인더스 문명의 대도시
모헨조다로가 흔적도 없이
사라졌다!

인구 3만 명의 고대 도시가
흔적도 없이 사라진 미스터리

세계 4대 문명 중 하나인 인더스 문명은 기원전 2500년경부터 파키스탄의 인더스 강 유역에서 번성했으며, 모헨조다로는 그 지역의 가장 큰 도시였다.

이 고대 유적이 우리의 흥미를 끄는 것은 수준 높은 건축 기술을 보유했다는 점 외에도 홀연히 소멸된 이유에 대해 지금도 논의가 한창 진행 중이기 때문이다.

도시는 12블록의 바둑판 형태였고, 햇볕에 말린 벽돌로 쌓은 성벽, 대중목욕탕, 곡물 창고, 집회장 등이 꼼꼼하고 조화롭게 설계되어 있

2010년에 발굴된 모헨조다로 유적지, 파키스탄, ⓒ Comrogues, Wikimedia Commons

다. 또한 도시 전체에 하수구와 수세식 화장실이 구비되어 있다. 기원전에 배수 시스템이 체계적으로 정비되었다는 것은 실로 경이로운 일이다. 그러나 이처럼 고도로 발달한 계획도시가 기원전 15세기에 갑자기 멸망하고 만다. 게다가 아무런 단서조차 없이 사라져버린다.

모헨조다로는 인구 3~4만 명이 살던 대도시였다. 이 정도 규모의 대도시에는 보통 왕과 신관이 있어서 왕궁과 신단이 건설되기 마련인데 이곳에서는 그 흔적을 전혀 찾아볼 수 없다. 또 유적에서는 사람의 유골을 비롯해 토기, 석기와 같은 생활 도구도 거의 출토되지 않았다. 수만 명이 살던 도시에 출토품과 사람의 생활 흔적이 거의 없다는 것이 실로 미스터리이다.

고대 도시에 마땅히 존재했어야 할 군대도 흔적을 찾을 수 없고, 왕과 정치가의 통치 기록이 담긴 점토판과 석판도 나오지 않았다. 마치 고도로 발달한 근대 도시를 구축한 후, 멸망의 순간에 자신들의 흔적을 직접 지워버렸다는 느낌마저 든다.

모헨조다로의 멸망 원인은 기후 변화인가, 외부 침입인가?

역사 연구자들은 이 미스터리에 대해 각기 다른 설을 제기했다. 그중에서도 초자연적인 현상에 관심 있는 독자라면 흥미를 느낄 만한 설이 있다. 바로 '고대 핵전쟁설'이다.

이 유적에는 '검은 마을'이라는 지역이 있다. 햇볕에 말린 벽돌로 만든 벽은 용광로처럼 검고, 중심부는 이상 고열에 구워진 탓인지 유리 재질로 변했다. 이 흔적을 보면 분명 핵폭발처럼 단시간에 고열로 주위를 몽땅 태우는 폭발이 일어난 듯하다.

원래 모헨조다로라는 도시명도 '죽은 자의 언덕'이라는 의미이다. 믿기 어렵지만 어떤 학자는 4대 문명이 탄생하기 전에 전쟁 때문에 모든 문명이 순식간에 소멸했다고 주장한다. 그 밖에도 대규모로 벽돌을 굽기 위해 삼림을 훼손했고 이후 강수량이 감소하는 등 자연재해가 발생해 멸망했다는 '자연재해설', 이란 고원에서 진출한 아리아

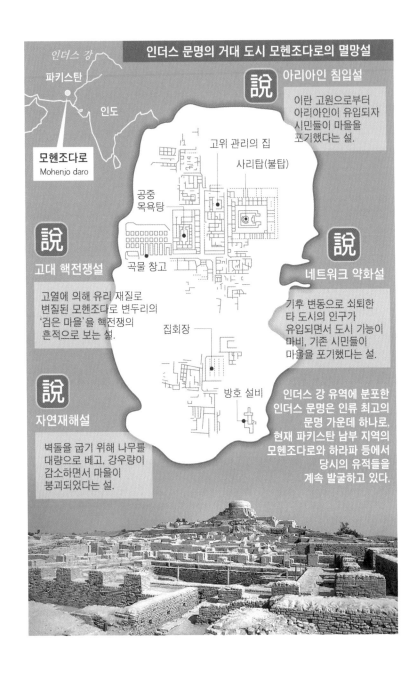

인더스 문명의 거대 도시 모헨조다로의 멸망설

說 아리아인 침입설

이란 고원으로부터 아리아인이 유입되자 시민들이 마을을 포기했다는 설.

說 고대 핵전쟁설

고열에 의해 유리 재질로 변질된 모헨조다로 변두리의 '검은 마을'을 핵전쟁의 흔적으로 보는 설.

說 네트워크 약화설

기후 변동으로 쇠퇴한 타 도시의 인구가 유입되면서 도시 기능이 마비, 기존 시민들이 마을을 포기했다는 설.

說 자연재해설

벽돌을 굽기 위해 나무를 대량으로 베고, 강우량이 감소하면서 마을이 붕괴되었다는 설.

인더스 강 유역에 분포한 인더스 문명은 인류 최고의 문명 가운데 하나로, 현재 파키스탄 남부 지역의 모헨조다로와 하라파 등에서 당시의 유적들을 계속 발굴하고 있다.

인더스 강
파키스탄
인도

모헨조다로
Mohenjo daro

고위 관리의 집
사리탑(불탑)
공중 목욕탕
곡물 창고
집회장
방호 설비

인에게 정복당했다는 '아리아인 침입설' 등이 있다.

그중에 가장 유력한 설은 인더스 문명 도시 간의 네트워크 약화설이다. 기후 변화에 따라 인더스 문명의 젖줄인 강물이 고갈되면서 도시들이 차례로 멸망했고, 결과적으로 도시 간의 네트워크가 끊어지면서 함께 멸망의 길을 걸었다는 것이다. 당시 모헨조다로는 살아남았지만 다른 도시의 인구가 급격하게 유입되면서 생태계의 균형이 무너지고, 결국 도시 기능이 마비되면서 삶의 터전을 포기하게 되었다는 것이다. 그러나 이 설도 당시 도시인의 생활 흔적이 전혀 남아 있지 않은 것에 대한 궁금증은 풀어주지 못한다.

모헨조다로의 소멸에 얽힌 미스터리는 여전히 현재 진행형이다.

앙코르와트 사원의 건축물이
서쪽 방향을 향한 이유는?

앙코르와트는 힌두교의 신을 모시는
사원이자 왕의 무덤

캄보디아 서북부, 수도 프놈펜에서 북서쪽으로 240킬로미터를 가면 푸른 바다로 착각될 만큼 짙은 나무 그림자들이 드리워진 열대 우림이 나타난다. 그 안에는 9세기부터 15세기까지 캄보디아에서 절대 권력을 자랑했던 크메르 왕국의 유적군이 있다.

크메르 왕국은 캄보디아 역사상 영토를 가장 크게 확장하며 1,200여 개의 사원을 지었다. 하지만 아유타야 왕국(지금의 태국)의 침략을 받고 역사에서 사라졌다. 크메르의 멸망으로 앙코르의 유적도 깊은 정글 속에 버려졌다.

그중 앙코르와트는 규모가 가장 큰 사원 유적으로 유명한 관광지이다. 이곳은 12세기 초 수리야바르만 2세(Suryavarman Ⅱ. 캄보디아 최전성기의 왕으로, 재위 기간은 1113~1150년 추정. 중국 송나라에 사신을 보냈으며, 베트남에 침입하여 참파의 수도 비자야를 점령하기도 했다)가 30년에 걸쳐 건설한, 힌두교의 비슈누 신을 모시고 있는 사원이자 왕의 무덤이다.

이웃 남녀의 비밀스러운 사랑을 다룬 홍콩 영화 〈화양연화〉의 촬영지로 이름을 더 알린 앙코르와트는 주위가 5.4킬로미터의 해자로 둘러싸여 있고, 540미터 길이의 서쪽 참배 도로, 삼중 회랑이 있다. 그리고 가운데 65미터 높이의 첨탑이 있는 사원이 우뚝 솟아 완벽한 좌우 대칭을 이루며 기하학적 미를 뽐낸다. 건물 벽면은 구석구석 정교하게 조각되어 있어 마치 두루마리 그림을 보는 듯하다.

앙코르와트 사원의 거대하고 장려한 모습은 '신의 세계'를 방불케 하며 보는 이를 압도한다.

앙코르와트를 건설한 크메르 왕국이 멸망한 진짜 이유는?

앙코르를 건설한 크메르 왕국은 당시 인도차이나 반도 전체를 손에 넣었던 대국이며, 수도 앙코르의 유적군에는 지금도 1,000여 개의 사원 유적이 남아 있다.

그러나 정작 크메르 왕국에 대한 모든 것을 동물 가죽과 야자수 잎

앙코르와트 사원의 내부, 씨엠립, ⓒ Michael Janich, Wikimedia Commons

에만 기록했다는 설 때문인지 현재는 어떤 기록도 남아 있지 않다.

따라서 앙코르와트의 역사를 알아보려면 산스크리트어와 크메르어로 적힌 작은 비문과 중국, 이슬람, 인도의 역사서에 의지할 수밖에 없다고 한다. 앙코르와트가 미스터리로 가득한 이유이다.

예를 들면 앙코르와트 사원 전체가 서쪽을 향해 건축된 점이 학자들 사이에서 주목받았다. 서쪽은 죽은 자의 세계를 의미했기 때문에 당시 사람들은 그 방향을 꺼렸을 것이다. 또한 이상하게도 앙코르 유적군 중에서도 서쪽을 향하는 사원은 앙코르와트뿐이다. 대체 이유가 무엇일까?

앙코르와트는 수리야바르만 2세의 영묘이기도 하다. 따라서 굳이 이해하자면 왕이 사후의 세계로 가는 길을 잃지 않기를 바라며 서쪽을 향해 지은 것으로 추측되고 있다.

그런데 의문스러운 것은 앙코르와트 사원의 경내 중심과 건물 중심축이 묘하게 어긋나 있다는 점이다. 아시아의 건축물에서는 이러한 특징이 흔히 보이기는 하지만, 앙코르와트 사원의 측량 결과는 그 차이가 일반적인 기준치를 뛰어넘었다는 점이 지적되었다. 즉, 의도적으로 어긋나게 만들었다는 것이다.

전문가들은 사원을 둘러싼 회랑은 조상과 전통을 상징하는 '구(舊)', 사원의 중앙 건물은 새로운 문화와 권력을 상징하는 '신(新)'으로 설정하여 신구의 공존에 대한 염원을 표현하려던 것이라고 추측하고 있다.

그리고 가장 큰 미스터리는 크메르 왕국 멸망 이후 대규모 유적이 깊은 정글 속에 수백 년 동안 방치된 이유이다. 갑작스러운 기후의 변동으로 정글 속에 버려진 것인지, 외부 침입자에 의해 멸망한 후 소멸한 것인지, 어떤 유행병 때문에 순식간에 자멸한 것인지 이유가 불분명하다.

다만 그럴듯한 전설이 한 가지 전해지기는 한다. 당시 어떤 승려의 아들이 왕가의 사람을 모욕한 죄로 앙코르와트 근처의 톤레샵 호수(캄보디아 국토의 15%를 차지하는 호수로, 6,000년 전 지층이 가라앉는 지각 작용이 발생했을 때 형성되었다)에 던져졌는데, 성난 뱀신이 날뛰어 호수의 물이 넘치

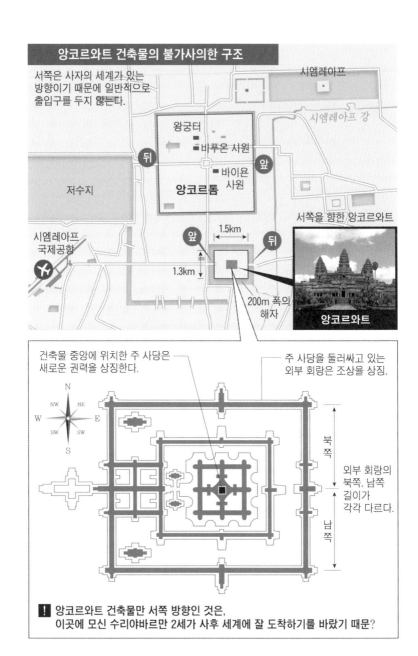

앙코르와트 건축물의 불가사의한 구조

서쪽은 사자의 세계가 있는 방향이기 때문에 일반적으로 출입구를 두지 않는다.

시엠레아프

시엠레아프 강

왕궁터

바푸온 사원

뒤

앞

바이욘 사원

앙코르톰

저수지

시엠레아프 국제공항

앞

1.5km

뒤

1.3km

서쪽을 향한 앙코르와트

200m 폭의 해자

앙코르와트

건축물 중앙에 위치한 주 사당은 새로운 권력을 상징한다.

주 사당을 둘러싸고 있는 외부 회랑은 조상을 상징.

N
NW   NE
W   E
SW   SW
S

북쪽

외부 회랑의 북쪽, 남쪽 길이가 각각 다르다.

남쪽

! 앙코르와트 건축물만 서쪽 방향인 것은, 이곳에 모신 수리야바르만 2세가 사후 세계에 잘 도착하기를 바랐기 때문?

는 바람에 앙코르 왕조가 멸망했다는 것이다.

지금도 톤레삽 호수에서 홍수가 자주 나는 것을 감안하면 이 이야기를 단순히 전설로 볼 수만은 없을 것 같다.

제2차 세계대전 중에 도난당한
'베이징원인의 화석'

제2차 세계대전이 한창이던 혼란기, 중국에서 인류의 유산이라 할 수 있는 귀중한 화석이 사라진다. 바로 '베이징원인(原人)'의 화석 40개이다.

베이징원인은 원숭이와 인간을 잇는 중간 생물로, 그 화석은 인류의 진화에 얽힌 수수께끼를 푸는 데 중요한 열쇠가 된다. 그토록 귀중한 사료가 대량으로 사라진 것이다.

베이징원인의 존재가 처음 밝혀진 것은 1920년대이다. 베이징 남서부의 저우커우뎬(周口店)에서 원인의 구치 화석이 발굴되었다. 그동

베이징원인 흉상, 저우커우뎬 유적지 박물
관, ⓒ Mutt, Wikimedia Commons

안 원인은 주로 아프리카와 유럽에서 발견되었고 아시아에서는 처음
발견되었기 때문에, '고고학적 대발견'이라며 세계의 관심과 화제가
집중되었다. 이후 14년간 모두 40개의 유골과 147개의 치아가 발견
되었다.

　1941년 11월, 제2차 세계대전이 점점 격해지자 당시 화석의 책임
자였던 인류학자 와이덴라이히(Franz Weidenreich) 교수는 안전을 위해
상자 두 개에 화석을 담아 베이징협화의학원(北京協和醫學院) 지하에 보
관했다. 그러나 이듬해, 일본인 학자 두 명이 화석을 연구하러 저우커
우뎬에 갔다가, 베이징원인의 화석이 모조품으로 바뀌어 있다는 사실
을 알아낸다.

홀연히 사라진 베이징원인. 대체 40개나 되는 유골은 어디로 간 것일까?

왜 일본 본토에서
화석의 복제품이 발견되었나?

베이징원인이 사라진 직후, 화석의 행방을 두고 여러 가지 추리가 등장했다. 그중 가장 유력한 정보는 미국인 폴리 교수의 고백이다. 군의관이었던 그는 해병대 대령의 의뢰로 베이징원인 화석을 열차에 싣고 친황다오(秦皇島)에 있는 미군 해병대 기지로 운반하려 했다. 미군은 그곳에서 화석을 해리슨 호에 싣고 필리핀을 거쳐 본국으로 운반할 계획이었으나, 그 전에 일본군에게 해병대 기지를 점령당하고 만다.

일본군에게 포위당한 폴리는 화석에 대해 함구한 채 트렁크를 들고 톈진(天津), 상하이(上海), 펑타이(豐台)의 포로수용소를 전전했다. 그러나 포로들의 일본 이송이 결정된 후 전쟁의 혼란 속에서 트렁크가 사라진 것이다.

폴리의 고백이 사실이라면 일본군의 개입을 의심해볼 수 있다. 전쟁의 와중에 충분히 베이징원인 화석을 일본으로 가져갈 수 있었을 것이다. 아니면 화석의 가치를 모르는 일본인 병사가 어딘가에 트렁크째 버렸을 가능성도 있다.

그리고 와이덴라이히가 숨겼다는 설도 있다. 폴리의 고백은 애초

1 1923~37년 사이 베이징원인의 두개골 및 유골 화석 발굴로 전 세계의 관심 집중.

저우커우뎬(周口店) ✕   베이징 □   친황다오 항

조선

텐진 항

중 국

황 하

황 해

2 1937년 중일전쟁이 격해지자 베이징협화의학원으로 화석 옮김.

3 일본인들은 끊임없이 베이징협화의학원 연구실의 금고를 노렸고, 1941년에는 일제에 매수당한 청소부가 금고를 뒤지다가 적발되기도 하였다.

4 불안해지자 상자에 포장하여 미 공사관 및 미 해병대 막사로 옮겼고, 미 상선 프레지던트 해리슨 호에 옮겨 싣기로 하여 친황다오를 향해 이동.

일본 군함 이동로

상하이

5 태평양전쟁이 시작되어 모든 일본군은 베이징, 텐진, 친황다오로 진격. 이후 일본군은 친황다오를 점령. 미 해리슨 호는 친황다오로 가던 중 침몰.

저우커우뎬(周口店) 유적의 연대는 50~20만 년 전의 석기 문화 시대이다.

미 공사관에 숨겼다?

일본군 때문에 분실?

일본군이 베이징을 침공하기 직전에 미국 해병대원이 트렁크를 마당에 묻는 것을 본 사람이 등장?

폴리 교수가 화석을 트렁크에 넣어 도망친다. 친황다오, 텐진, 상하이로 이동하던 중 트렁크를 분실?

! 태평양전쟁 당시 경황없는 틈에 중국인의 손에 들어갔을 수도 있고, 초창기 발굴 작업에 참여한 프랑스인, 오스트리아인, 스웨덴인 등이 자국으로 밀반출?

에 거짓말이고, 와이덴라이히가 인양선 쿨리지 호에 실어 미국으로 가져갔거나 베이징의 미국 공사관에 묻었다는 것이다. 실제로 일본군이 베이징을 침공하기 직전, 공사관 정원에 트렁크를 묻는 미국 헌병대를 본 사람이 있다고 한다.

제2차 세계대전 후 일본 본토를 조사한 결과 화석의 복제품이 발견된다. 중국의 요청에 따라 복제품은 반환했으나 진품은 아직까지도 행방이 묘연한 상태이다.

발해는 거란족 요나라의 침략으로 멸망했다

7세기 말부터 10세기 초, 지금의 중국 둥베이(東北)에서 한반도, 러시아 연해에 이르는 광활한 땅에 뛰어난 문명을 자랑하는 나라가 있었다고 한다. 바로 발해이다.

발해는 668년 고구려가 당나라에 멸망한 뒤 고구려인과 말갈인 일파가 현재의 지린 성(吉林省)을 본거지로 698년에 세운 나라이다. 혹독한 자연 조건 속에서도 당나라의 제도와 문화를 도입, 풍요로운 문명국가로 발전하여 후에는 오히려 당나라의 부러움을 샀다.

그러나 이 나라는 228년 만인 926년에 이르러 역사에 종지부를 찍

백두산 천지, 양강도 삼지연군, ⓒ Bdpmax, Wikimedia Commons

는다. 이렇게 풍요로운 문화를 자랑했던 나라가 어째서 흔적도 없이 사라진 것일까?

일설에는 당시 서쪽에 있었던 거란족의 요나라에게 침략을 받아 멸망했다고 한다. 중국의 역사서에는 '요나라는 발해를 멸한 뒤 몽골과 함께 아시아 최대의 무력 국가가 되었다'라는 내용이 남아 있으며, 《요사(遼史)》(중국 원나라 때 탈호탈(脫虎脫) 등이 요나라의 역사를 기록한 책으로 중국 이십오사(二十五史)의 하나이다. 순제 12년(1344)에 간행되었으며 총 116권)에도 '서기 926년, 발해의 수도 상경용천부(上京龍泉府)가 함락되었다'라고 적혀 있다. 당시 발해는 내부적으로 분열이 있었는데, 요나라가 이를 기회로 공격하는 바람에 깨끗이 소멸하고 말았다고 한다.

발해 멸망과 백두산 대분화의
시기가 일치한다?

한편 발해는 요나라에 의해 멸망한 것이 아니라는 견해도 있다. 그처럼 200년에 걸쳐 화려한 문화를 꽃피운 나라가 후대에 아무것도 남기지 않았다는 것은 어불성설이라는 것이다. 더구나 요나라가 발해를 멸망시킨 것이 사실이라면 이후 식민지로 지배했을 텐데 그러한 역사적 기록이 전혀 없다.

그렇다면 발해는 왜 멸망한 것일까?

《고대 문명 미스터리 발견》이라는 책을 보면, 발해는 남부에 우뚝 솟은 백두산(현재는 북한과 중국의 경계를 이루고 있는 산)의 대폭발로 멸망했다고 추정한다. 백두산은 비교적 새로운 분화 흔적이 있는 화구이자 아름다운 화구호가 있는 화산인데, 오래지 않은 과거에 대분화가 있었다고 추측된다. 실제로 백두산 분화의 분출물로 보이는 화산재가 일본 도호쿠 지방에서 발견된다. 정확한 분화 시기는 알 수 없지만, 만약 915년경이라면 발해의 멸망 시기와 겹친다.

하지만 백두산의 화산 폭발로 인해 발해가 멸망했다는 설에는 부정적인 의견도 있다. 발해의 수도 상경용천부가 백두산의 분화로 멸망하기에는 두 지점의 거리가 무려 200킬로미터나 되기 때문이다. 또 다른 발해 연구학자에 따르면, 백두산의 화산재가 편서풍을 타고 백두산 동쪽에 있는 아키타와 아오모리로 옮겨 올 수는 있지만, 북쪽으로 200킬로미터 이상 떨어져 있는 발해의 수도에, 그것도 도시 전

火山災 화산재

1980년 5월 18일에 발생한 미국 워싱턴 주의 세인트-헬렌스 산의 화산 폭발은 미국의 화산 폭발 역사상 가장 큰 피해를 주었다.

이 산의 높이는 백두산(2,759m)과 비슷한 2,950m였는데, 강한 폭발이 일어나면서 2,550m로 낮아졌다.

화산재는 화산이 분화할 때 화산가스와 함께 분출되며, 대기중으로 뿌려진 4mm 이하의 돌, 테프라(유리 성분) 등의 물질을 함유하여 인체에 해를 끼치고 호흡기에도 문제를 유발한다.

백두산 화산재가 덮친 발해의 200년 역사

당 (唐)

일본 도호쿠대 연구소는 9세기에 백두산이 분화하면서 발해 멸망에 영향을 미쳤을 가능성이 크다고 주장했다. 동해를 건너 일본에서 발견된 화산재의 성분을 분석한 결과, 백두산 분화가 대규모였던 것으로 나타났다.

발 해 (渤海)

상경용천부

중경현덕부   동경용원부

백두산 화산 분출 시기 1597년, 1668년, 1702년

백두산

서경압록부

남경남해부

화산재

동 해

신라

! 편서풍을 타고 이동한 화산재가 남북으로 광활한 발해를 멸망시키는 것은 불가능하다?

체를 쑥대밭으로 만들 만큼 많은 양이 쏟아지기는 어렵다.

    과연 발해는 화산 분화로 갑작스레 멸망한 것일까, 아니면 요나라에 의해 철저하게 멸망한 것일까? 발해는 오늘날 작은 증거만을 남긴 채 여전히 베일에 싸여 있다.

아프가니스탄 황야에 잠든
'박트리아 왕국의 황금'의
주인은?

박트리아 왕국은 고대 실크로드의
교통 요충지로 번성

1978년 11월, 아프가니스탄 북부 고대 도시 유적의 분묘 흔적에서 지름 약 2센티미터의 금빛 원반이 발견되었다. 주변에서는 보존 상태가 좋지 않은 사람의 유골이 7구 발견되었고, 그중 6구에서 다양한 형태의 금장식과 귀금속으로 만든 장식품이 잇달아 발견되었다.

장식품은 모두 2만여 점에 달했다. 사람들은 아프가니스탄의 황야에 그렇게 많은 황금이 잠들어 있었다는 사실에 놀라움을 금치 못했다.

사실 이 땅은 고대에 '박트리아'라고 불리던 곳이다. 지리적으로는

박트리아 여신들(기원전 2000~1800), 아프가니스탄, ⓒ PHGCOM, Wikimedia Commons

중앙아시아 서편에 위치하며 북으로는 러시아, 서로는 중동, 남으로는 인도, 동으로는 몽골과 중국과 접해 있다. 즉, 박트리아는 고대 실크로드 상의 교차점 내지는 동서 문명의 융합 지점으로 지리적 이점을 살려 번영을 누렸던 곳이다.

실제로 아프가니스탄 유적에서 발굴된 보석 장식품들은 로마와 그리스, 중국, 인도 등 유라시아 각지의 영향을 받은 흔적들이 남아 있다. 분묘의 관 속에는 당시 교류했던 것으로 보이는 모든 나라의 물품들이 골고루 들어 있었다.

아프가니스탄의 끊임없는 분쟁으로
발굴 작업이 중단

이렇게 많은 황금과 보석의 장식품을 관에 넣을 수 있었던 사람은 누구일까?

발굴된 동전과 로마의 금화로 보건대, 관이 묻힌 시기는 기원전 150년부터 기원전 50년 사이로 추정된다. 당시 이 땅을 지배했던 나라는 대월지(大月氏)이다.

대월지는 기원전 3세기경 타림 분지에서 황허 상류 부근에 걸쳐 있던 유목 민족 '대월'의 나라이다. 그들은 흉노에 쫓겨 박트리아로 갔고, 이후 박트리아를 정복한 것으로 알려진다. 그러나 대월지의 인종과 문화에 대해서는 알려진 바가 거의 없다. 또한 대월지에는 5개의 유력 그룹이 있었는데, 그중 하나인 쿠샨족이 1세기 중반 무렵 세력을 키워 인도 북부에 쿠샨 왕조를 건국했다고 한다.

황금의 주인은 앞서 서술한 대월지와 쿠샨족 가운데 하나로 짐작할 수 있다. 실크로드 전문가인 고고학자 히구치 다카야스(樋口隆康)는 《사라진 고대 문명》에서, "중국과의 강한 유대를 암시하는 유적이 발견됨에 따라 황금의 주인은 대월지로 추측된다"라고 말한다.

그러나 대월지가 끝내 어떤 운명을 맞이했는지 모르는 한, 유적과 대월지의 관계를 단정할 수 없으므로 논쟁은 여전히 현재 진행형이다. 유적에서 발견된 황금과 유골을 철저히 조사하면 대월지의 정체를 밝힐 수도 있으나, 무덤이 발굴된 1978년 이후 아프가니스탄에서

발하슈 호

아랄 해

카스피해

박트리아 왕국
(기원전 255~139년)

① 왕조의 변천

흉노에 쫓긴 월지가
박트리아 왕국을 멸하고
대월지를 건국했다.

● 틸리아 테페 ■ 박트라

② 왕조의 변천
박트리아 왕국 멸망 후
대월지가 건국되었고,
쿠샨 왕조가 그 뒤를
이었다.

아프가니스탄

■ 카불

쿠샨 왕조
(기원전 20년~6세기?)

! 황금의 주인은
대월지와 쿠샨 왕조 중
하나일 가능성이
높지만 증거는 없다.

아 라 비 아 해

황금 *20,000점*

1979년 아프가니스탄에서
소련-아프간 고고학자들이
공동으로 발굴한 무덤에서
보석과 2만여 점의 금장식이
가득 찬 관이 발견됐다.
이 유물은 기원전 1세기
것으로 추정되었다.

분쟁이 끊이질 않아 제대로 된 유적 조사가 진행되지 못했다.

출토품은 모두 아프가니스탄 카불 박물관에 보관되었지만, 21세기 들어 탈레반 정권이 미국과 전쟁을 하는 등 내부 혼란이 계속되고 있어 지금은 출토품의 상태를 전혀 알 길이 없다.

황금의 주인은 대월지인가, 쿠샨족인가? 이 거대한 미스터리를 풀려면 먼저 아프가니스탄의 정세가 안정되어야 할 것이다.

일본 고대 국가
야마타이국은 어디인가?

야마타이국의 존재는
일본 최대의 역사 미스터리

야마타이국(邪馬台國)은 3세기경 일본 열도 어딘가에서 히미코(卑彌呼, 일본 역사상 최초의 여왕. 당시 소국들 간의 갈등을 수습하고 중국 및 한반도와 친선 관계를 맺었다)라는 여왕이 통치했던 나라이다. 이 나라는 어디에 있었을까?

그 위치에 대한 논쟁은 에도 시대의 아라이 하쿠세키(新井白石, 에도 시대의 무사, 유학자 겸 정치인. 전대의 폐단을 고치고 유교의 덕치주의를 이상으로 삼아 문치 정치를 실행했다), 모토오리 노리나가(本居宣長, 에도 시대의 국학자. 유교와 불교를 철저히 배격하고 일본 고유의 순수한 정신을 찾고자 했다)로부터 시작되었으며, 지금까지 여러 곳이 후보지에 올랐다. 그중에서 가장 유력한 것이

삼각연신수경, 도쿄 국립박물관, ⓒ Daderot, Wikimedia Commons

규슈(九州)설과 기나이(畿內)설이다.

야마타이국의 소재지는 중국의 사서 《위지왜인전(魏志倭人傳)》에 기술되어 있지만 내용이 상당히 부정확하다. 위나라의 사신이 대방군(帶方郡, 중국 한나라가 설치한 군현(郡縣). 지금의 한강 이북 경기도와 자비령(慈悲嶺) 이남의 황해도로 추측)에서 조선반도 남단의 구야한국(狗邪韓國)을 경유해 바다를 건너 야마타이국으로 향했다고 적혀 있으나 정확한 기술은 여기까지이며, 그다음 내용부터는 의문이 생긴다.

'불미국(不彌國)에서 남으로 물길 20일이면 투마국(投馬國), 거기서 남으로 물길 10일, 뭍길 한 달이면 야마타이국에 도착한다'라고 적혀 있으나, 이 경로대로 가면 규슈를 지나쳐 남쪽 바다에 도착하게 된다. 규슈설 지지자들은 '뭍길 한 달'이 '뭍길 하루'의 오류라고 주장한다. 한편 기나이설 지지자들은 '남'은 '동'의 오류이며 이 부분만 바꾸면 야마토(大和, 3세기 말부터 7세기 중엽까지 긴키의 야마토를 중심으로 일본 영토의 대부분을 지배하며 일본 최초의 통일 정권을 이루었던 시대) 땅에 이른다고 말한다. 하지만 양쪽 모두 결정적인 근거는 없으며 《위지왜인전》의 해석에만 의존하는 것은 한계가 있다.

규슈와 기나이, 야마타이국은 어디에 있었나?

이 논란을 끝낼 유력한 근거로 여겨졌던 삼각연신수경(三角緣神獸鏡, 거울 가장자리에 삼각형 무늬가 있고, 중국 신화에 등장하는 신선과 신령스러운 동물이 새겨진 구리거울)이라는 사료가 있다. 《위지왜인전》에 따르면, 이 거울은 239년 사신을 파견해준 것에 대한 답례로 위나라 황제가 히미코에게 하사한 것이며 총 100장이었다.

또한 이 거울이 기나이를 중심으로 출토되고 있어서 기나이설 지지자들은 중요한 증거로 여기지만, 규슈설 지지자들은 이 거울이 중국에서는 단 한 장도 발견되지 않았다는 점을 들어 중국의 선물이 아니라 일본에서 생산된 것이라고 반박한다.

규슈설을 뒷받침하는 증거로는 1989년 사가 현 요시노가리에서 발

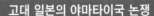

❗ 두 가지 설 모두 이도국까지의 경로는 같다.
규슈설은 이도국에서 이동 경로가
세 가지이고, 기나이설은 불미국에서
동해와 세토 내해 쪽으로 경로가 나뉜다.

낙랑군
(樂浪郡)

대방군
(帶方郡)

위나라 사신의 경로

동 해

가야국

일지국
(一支國)

구야한국
(狗邪韓國)

대마국
(對馬國)

출운
(出雲)

오사카

황 해

말로국
(末盧國)

불미국
(不彌國)

노국
(奴國)

說 ① 규슈설

1989년 사가 현 요시노가리
유적에서 집락 흔적이 발견
되어 규슈설을 뒷받침한다.

이도국
(伊都國)

說 ② 기나이설

2009년 나라 현 마키무쿠 유적에서
대형 건축물의 흔적이 발견되면서
기나이설이 유력해졌다.

견된 환호집락(環濠集落, 주위를 해자로 두른 취락) 유적이 있다. 집락 중앙에는 우치보리(성안에 있는 해자)로 둘러싸인 궁실(宮室)이라는 큰 주거 공간이 있는데, 히미코는 이곳에 머문 것으로 보인다. 또한 누관(樓觀)이라는 망루도 발굴되었다.

《위지왜인전》에 따르면 히미코는 야마토니시키(倭錦)라는 비단을 위나라에 헌상했다. 그러나 3세기경 일본에는 비단이 없었다는 의견이 지배적이어서 이 내용에도 의문이 있었다. 그런 한편 요시노가리 유적에서 비단이 출토되었고, 이후 기타큐슈 일대에서 많은 비단이 발견된다. 따라서 기타큐슈의 수장이었던 야마타이국 히미코가 위나라에 비단을 헌상했다는 내용은 사실로 인정된다. 그 후에도 청동기 공방의 흔적과 대규모 유적이 잇달아 발견되어 규슈설에 힘을 실었다.

그러나 2009년, 이번에는 나라 현 사쿠라이 시에서 놀라운 유적이 발견되었다. 야마타이국의 유력 후보지로 꼽히는 마키무쿠 유적에서 히미코와 같은 시대의 대형 건축물의 흔적이 발견된 것이다. 일본에서도 최대 규모에 속하는 이곳은 히미코의 궁실로 손색이 없었다. 이 발견으로 의견은 다시 기나이설로 기울었지만, 발굴 조사의 분석과 해석에 시간이 필요해서 아직 결정적인 증거는 되지 못하고 있다.

두 가지 설 모두 결정적인 증거 확보가 필요하다.

린뱌오 가족을 태운 비행기가
몽골 사막에 추락

1971년 9월 13일, 중국 수송기가 몽골 운데르한의 초원에 추락하여 탑승자 전원이 사망하는 사고가 발생한다(9.13 사건이라 부르기도 한다). 비행기에는 당시 중국의 2인자였던 린뱌오(林彪)와 그의 아내 예췬(葉群), 아들 리궈(立果)가 탑승했던 것으로 알려졌다.

린뱌오는 당시 8억 인구의 중국을 이끄는 문화대혁명의 지도자로서 세계의 이목을 집중시켰던 인물이다. 마오쩌둥의 참모이자 타고난 군인이었던 린뱌오는 전략 전술에 탁월했으며, 대장정 참여에 이어 일본군과 국민당군을 각지에서 격파하며 무훈을 세웠다.

그뿐 아니라 중국 동북부 지방(구 만주)을 해방한 후 마오쩌둥에 이어 서열 2위인 당 부주석에 취임했으며, 1969년 4월에 열린 제9회 당 대회에서는 마오쩌둥의 후계자로 승인되기에 이른다.

승승장구하는 것처럼 보이던 린뱌오는 1971년 9월, 은밀히 마오쩌둥 암살 쿠데타를 계획한다. 그런데 이것이 마오쩌둥에게 미리 보고되어 추궁당하게 된 린뱌오는 비행기로 러시아에 망명하기로 결심한다.

하지만 린뱌오가 러시아로 향하는 비행기에 오르고 약 2시간 후, 그가 탄 비행기는 연료 부족으로 몽골의 들판에 추락하고 만다.

린뱌오가 세운 암살 계획이란 마오쩌둥 일행이 탑승한 항저우에서 상하이로 가는 열차를 파괴하는 것이었다고 한다. 이 계획을 입안한 자는 아들 리궈였다. 이렇게 무모한 작전에 어째서 린뱌오가 찬성했는지는 지금도 의문이다. 더욱이 이 계획이 당국에 누설된 것은 친딸 리헝(立衡, 린뱌오 반혁명 사건의 조사 과정에서 아버지의 탈주를 반대했다고 주장하여, 대의를 위해 가족 간 정도 끊은 공로를 평가받고 공산당의 재천거를 받음)의 신고 때문이라고 한다. 아버지의 운명을 둘러싼 아들과 딸의 전혀 다른 행보도 어딘가 앞뒤가 잘 맞지 않는 이야기이다.

이렇게 린뱌오의 쿠데타 계획과 탈출 시도 등에 대한 의문점은 한두 가지가 아니다. 그런데 여기서 한 가지 유념해야 할 것은 일련의 발표가 모두 당시 중국 당국이 만들어낸 이야기라는 점이다. 즉, 겉으로 드러난 것만이 사실이 아니라는 것이다.

미국 CIA가 중국에 린뱌오의
쿠데타 소문을 흘렸다?

린뱌오 일행이 타고 망명길에 오른 비행기의 추락 사고에는 수상한 점이 많았다. 몽골의 초원에서 발견된 유체는 전부 불에 타버려 린뱌오의 신원을 확인할 수 없었다. 또한 비행기가 연료 부족으로 추락했다고 발표되었지만 사실은 인민해방군이 미사일로 격추했다느니, 린뱌오는 비행기에 타지 않았고 마오쩌둥이 린뱌오 부부가 탄 차를 폭파해 살해했다느니 하는 소문이 돌았다.

실제로 몽골 정부는 "린뱌오 부주석이 희생자 명단에 포함되었다는 증거가 없다"라고 발표해, 그가 추락 사고로 사망한 것이 아닐 수도 있다는 가능성을 내비쳤다. 또한 애초에 그가 쿠데타를 기도했는지조차 의심스럽다고 주장하는 사람도 있다. 곧 차기 주석으로 공인된 린뱌오가 쿠데타까지 일으키며 무리수를 둘 필요가 전혀 없었기 때문이다.

이에 대해 미국 CIA의 개입 가능성에 대한 가설도 나왔다. 당시 린뱌오는 러시아의 힘을 빌리지 않고 미국에 맞서는 것은 불가능하다고 생각했다. 어떤 의미로는 친러시아파였던 것이다. 린뱌오가 마오쩌둥의 후계자가 될 경우, 중국은 러시아와 협조 노선을 걸으면서 미국에 대항할 가능성이 높았다.

당시 미국도 중국과 러시아라는 두 대국을 적으로 돌리는 것만은 피하고 싶은 상황이었는데, 만약 린뱌오가 주석이 되면 상황이 악화

린뱌오 가족이 탄 비행기의 항로

 1. 미사일 공격설
중국 인민해방군이 미사일로 격추했다?

 2. 마오쩌둥 사주설
마오쩌둥을 주축으로 하는 문혁좌파가 폭파했다?

 3. CIA 관여설
친소련파인 린뱌오 때문에 중국이 와해될 위기에
처하자 이를 우려한 미국이 비행기를 추락시켰다?

린뱌오 부주석

이르쿠츠크

바이칼 호

소비에트 연방
(소련)

울란바토르

운데르한
(溫都爾汗)

몽골

④ 새벽 2시 30분
몽골 운데르한에서
전용기가 추락.
린뱌오를 포함한 탑승자
전원 사망.(남자 8, 여자 1)

총 113분 비행(1,180km)

② 쿠데타가 실패로 끝나자,
린뱌오는 일가족과 수행원을
데리고 몰래 전용기에 탑승.
1971년 9월 13일 0시 32분,
산하이관 공항에서 전용기가
이륙해 소련으로 망명 시도.

③ 몽골 국경을 넘은 후
남쪽으로 수십 km를 남하.
수십 분 후에 또다시 북상
하다가 기체에서 폭발음 발생.
기체가 흔들리고 오른쪽
날개에 화재 발생.
기장은 부기장 없이 단독 운행
으로 몽골행의 특수 임무를
부여받았다는 설.

베이징

톈진

베이다이허
(北載河)

산하이관
(山海關)

북한

한국

중화인민공화국
(중국)

황 해

마오쩌둥

① 1971년 9월 12일, 당시 2인자였던
린뱌오의 비밀 조직은 항저우에서 마오쩌둥이
타려는 상하이행 열차를 폭파하려 했으나
린뱌오의 암살 계획은 실패하고 만다.
그 보고를 받은 마오쩌둥은 모든 일정을
취소하고 베이징으로 돌아온다.

상하이

항저우

될 것을 우려해 모종의 음모를 꾸몄다고 한다. 그래서 CIA가 중국 측에 '린뱌오에게 모반의 우려가 있다'라는 소문을 흘려 그를 죽음으로 몰아넣었다는 것이다.

원래 혁명기 주역들의 죽음에는 의심스러운 부분이 많은 법이다. 그런 점에서 린뱌오의 죽음도 예외는 아니었다.

3장
아메리카의 미스터리 역사

중국의 정화가 콜럼버스보다
먼저 신대륙을 발견했다?

정화 함대가 6번째 항해에서
아메리카에 도달했다?

콜럼버스가 아메리카 대륙을 발견했다는 이야기는 초등학생들도 다 아는 사실이다. 대부분의 교과서에서는 '콜럼버스가 1492년 대서양을 횡단하여 신대륙을 발견했다'라고 가르친다. 그러나 그보다 먼저 아메리카 대륙을 발견한 사람이 있었다. 그것도 무려 71년이나 빨랐다. 그는 누구인가? 중국 명나라의 정화(鄭和)라는 인물이다.

윈난 성(雲南省)의 이슬람교 집안에서 태어난 정화는 명나라의 연왕(후일 영락제)을 모시다 무사가 된다. 쿠데타로 왕위에 오른 영락제의 적극적인 대외 정책에 따라 정화도 대규모 남해 원정에 나선다. 정화의 원정은 1405년부터 1431년까지 총 7번에 걸쳐 이루어졌으며, 그 때마다 항로가 점점 확대되었다.

영국의 역사학자 개빈 멘지스(Gavin Menzies, 영국 잠수함 장교 출신의 역사학자. 피치가노 해도를 접한 것을 계기로 정화 함대의 숨겨진 항해를 밝히는 연구에 착수했다. 그의 연구는 해군 장교만 얻을 수 있는 해도와 지도, 항해, 천체 관측 등에 대한 해박하고 전문적인 지식에 근거한다)는 정화의 함대가 1421년의 6번째 항해에서 아메리카 대륙에 도달했다고 주장한다. 그는 본대에서 떨어져 나온 분대가 바람과 해류를 타고 북대서양에서 아메리카 대륙으로 흘러갔다고 보고 있다.

하지만 명나라 때 대신이었던 유대하(劉大夏)가 정화의 항해 기록을 파기하라고 명령했기 때문에 오늘날에는 항해 경로와 업적을 거의 알 수 없다. 즉, 정화가 아메리카 대륙에 갔었다는 것을 공식적으로 주장할 증거가 없는 것이다.

영국 역사학자 멘지스가
'정화의 신대륙 발견설'을 주장

멘지스는 정화가 아메리카 대륙을 발견했다고 굳게 믿었다. 미국과 오스트레일리아 근해에서 난파된 범선의 나뭇조각이 발견된 적이 있는데, 이것을 정화의 함대에서 나온 것으로 보았기 때문이다. 실제로 캘리포니아 주 새크라멘토 강 모래섬에서 발견된 범선의 나뭇조각을

명나라 정화의 함대가 콜럼버스에 앞서 아메리카 대륙에 도착?

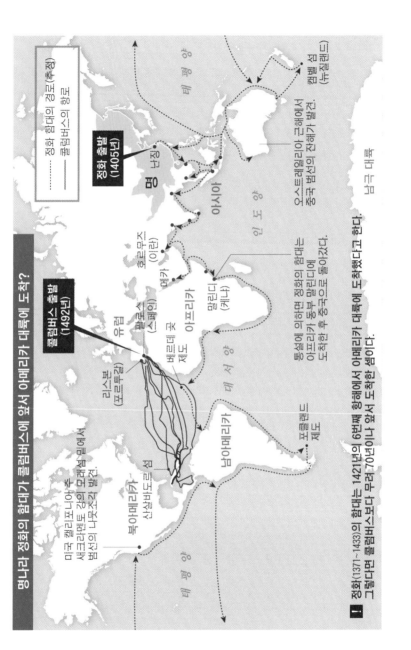

정화 출발 (1405년)

콜럼버스 출발 (1492년)

----- 정화 함대의 경로(추정)
.... 콜럼버스의 항로
——— 정화 함대의 항로

명

난징

아시아

태 평 양

인 도 양

호르무즈 (이란)

메카

아프리카

말린디 (케냐)

유럽

팔로스 (스페인)

베르데 곶 제도

리스본 (포르투갈)

대 서 양

북아메리카

산살바도르섬

포클랜드 제도

남아메리카

태 평 양

램벨 섬 (뉴질랜드)

남극 대륙

오스트레일리아 근해에서 중국 범선의 잔해가 발견.

통설에 의하면 정화의 함대는 아프리카 동부 말린디에 도착한 후 중국으로 돌아갔다.

미국 캘리포니아 부근 새크라멘토 강의 모래섬 밑에서 범선의 나뭇조각 발견.

ⅰ 정화(1371~1433)의 함대는 1421년의 6번째 항해에서 아메리카 대륙에 도착했다고 한다. 그렇다면 콜럼버스보다 무려 70년이나 앞서 도착한 셈이다.

방사성탄소 연대 측정으로 알아본 결과 1410년대의 것으로 판명되었다.

멘지스가 내세우는 근거는 또 있다. 신대륙에는 유럽의 탐험가가 도착하기 전부터 다른 지역에서 들여온 것으로 추정되는 동식물이 번식되고 있었다. 그리고 캘리포니아 박물관에는 명나라의 청화백자(靑華白磁)가 대량으로 소장되어 있기도 했다. 멘지스는 이것이 모두 명나라의 배를 통해 들어왔다고 보는 것이다.

2006년에는 단편적으로 남은 정화의 항해 기록을 토대로 지도가 만들어졌고 복사본이 공개되었다. 지도에는 남북 아메리카와 오스트레일리아가 그려져 있어 멘지스의 주장에 더욱 힘이 실렸다. 아메리카 대륙을 발견한 주인공이 콜럼버스에서 중국의 정화로 바뀌는 역사의 대반전이 일어날 가능성은 있는가?

타이타닉 호 침몰은
보험금을 노린 사고였다?

타이타닉 호와 올림픽 호는
외관과 내부 구조가 거의 같았다

호화 여객선 타이타닉 호의 침몰 사건은 역사상 최악의 사고 중 하나로 꼽힌다. 공전의 히트를 기록한 영화 〈타이타닉〉을 통해 사고의 내용을 아는 사람도 많을 것이다.

그러나 이 사고의 내막을 자세히 들여다보면 여러 가지로 의문스러운 점이 많다. 거대한 규모와 최고의 안전을 자랑했던 호화 여객선이 빙산에 살짝 부딪친 사고로 3시간 만에 침몰할 수 있을까? 그리고 어쩌다 1,500명 이상의 희생자가 나오게 되었을까?

이에 대한 답은 침몰한 타이타닉 호의 주인인 화이트스타라인 사가 보유한 또 다른 호화 여객선 올림픽 호와 관련이 있다고 볼 수 있겠다.

세상의 어떤 호화 여객선에도 밀리지 않을 만큼 훌륭한 시설과 규모를 자랑했던 타이타닉 호와 올림픽 호, 두 배는 묘하게도 외관은 물론 내부 구조가 거의 같았다. 바로 이 점이 타이타닉 호 사고 후 세간에 의혹의 불씨를 제공한다.

타이타닉 호를 진수하기 2년 전, 올림픽 호는 처녀항해에서 예인선이 선미에 말려 들어가는 사고가 일어나 수리를 위해 독(dock)에 들어간다. 하지만 수리한 후에도 1년도 채 되기 전에 잦은 사고를 일으키며 회사의 애물단지로 전락했다.

거듭된 사고에 따른 수리비도 어마어마했다. 수리보다는 스크랩(배를 해체하여 고철로 만드는 것)하는 편이 낫겠다는 의견도 많았지만 화이트스타라인 사는 계속해서 수리만을 고집했다.

한편 타이타닉 호는 완성 직후 약 100만 파운드 상당의 보험을 든다. 배 만드는 데 든 비용의 3분의 2에 해당하는 거액이었다. 이러한 정황 때문에 화이트스타라인 사가 보험금을 노리고 수리 중인 올림픽 호와 타이타닉 호를 바꿔치기한 것이 아니냐는 의혹을 사게 되었다. 즉, 올림픽 호를 타이타닉 호로 속인 채 사고로 침몰시키면, 거액의 보험금도 타고 신제품인 진짜 타이타닉 호도 얻을 수 있다는 계산 아래 이 같은 사고를 계획했다는 소문이 떠돌았다.

취역일에 촬영된 타이타닉 호, ⓒ Francis Godolphin Osbourne Stuart, Wikimedia Co-
mmons

침몰한 배는 타이타닉 호가 아니고
올림픽 호였다?

이 의혹에는 몇 가지 근거가 있다. 먼저 타이타닉 호와 올림픽 호의
설계도가 둘 다 발견되지 않은 점이다. 제2차 세계대전 때문에 소실
되었다고는 하나, 그렇게 큰 배의 설계도가 한 장뿐이었을 리 없다.
그리고 설계도가 여러 장 있었다면 모두 분실했다는 것도 이상하다.

또한 세계 최고의 호화 여객선이라는 명성과는 달리 선내에서 사
용된 식기에는 'TITANIC'이라는 글자와 로고가 없었다고 한다. 즉,

타이타닉 호의 침몰 사고는 우연인가, 고의인가?

캐나다

뉴펀들랜드 섬

뉴욕

미국

1 사우샘프턴 출항(4.10)

영국

3 퀸즈타운 (4.12)

타이타닉 항로

2 셰르부르(4.10)

프랑스

640km

예정 항로

대 서 양

5 밤 11시 40분 타이타닉 호가 빙산에 충돌 후 3시간 만에 침몰. 승객 2,208명 중 1,513명 사망.

4 4월 14일 이른 아침에 근처에 있던 선박으로부터 빙산이 있다는 연락을 받지만 선장은 크게 신경 안 쓴다.

1912년 3월 중순, 영국 북아일랜드 수도 벨파스트 항구에 잦은 수리를 위해 입항한 올림픽 호(왼쪽)와 첫 항해를 앞둔 타이타닉 호(오른쪽)가 나란히 정박해 있다. 당시 타이타닉은 전 세계에서 가장 큰 배로(길이: 268.8m, 무게: 4만 6.328톤) 선내에는 체육관, 수영장, 극장 등 호화로운 부대시설을 갖춘, 영국의 화이트스타라인 사가 운영하는 여객선 중 두 번째 선박이다. 1년 먼저 건조한 올림픽 호와는 외형과 실내 시설이 매우 유사했다.

그 배가 타이타닉 호임을 증명하는 비품이 전혀 없었다는 것이다.

이후 조사에서 타이타닉의 표식인 '401'이 적힌 선체의 일부가 발견되었으나, 타이타닉 호에 쓰일 예정이던 부품을 올림픽 호 수리에 사용한 사실이 있으므로 침몰한 배가 타이타닉 호라는 결정적 증거가 되지 못한다.

무엇보다도 거듭된 사고로 무용지물이 된 올림픽 호가 이후 25년 동안 멋진 활약을 보여주었다는 사실이야말로 거의 불가사의에 가까운 일이다. 스크랩 직전의 배가 어떻게 25년이나 거친 바다를 항해하며 버틸 수 있었을까?

특히 당시 경영난에 매우 허덕이던 화이트스타라인 사는 타이타닉 호 사고로 인한 거액의 보상 보험금으로 어려움을 극복한다.

이처럼 타이타닉 호 침몰을 둘러싼 여러 가지 의심스러운 정황은 많지만 의혹은 여전히 풀리지 않고 있다.

링컨 암살 사건의 배후는
다름 아닌 수사 지휘자?

워싱턴 경찰은 겨우 경관 한 명으로
링컨 대통령을 경호

1865년 워싱턴의 포드 극장에서 미국 제16대 대통령 에이브러햄 링컨이 연극을 보던 중 전용 박스석에서 암살당한다. 남북전쟁이 북군의 승리로 끝난 지 5일째 되는 날이었다.

범인은 배우 존 윌크스 부스였다. 그는 남부 출신으로 열광적인 남군의 지지자였고, 흑인 노예 해방을 반대한 인물이었다. 그런 그에게 노예 해방을 외치며 결국 승리를 쟁취한 북군 측의 수장 링컨은 증오할 수밖에 없는 존재였던 것이다.

사건 당일, 대통령 측은 육군성에 경호를 요청하지만 석연치 않은

링컨이 출생한 통나무집, 호젠빌, Wikimedia Commons

이유로 거절되어 어쩔 수 없이 워싱턴 경찰에 요청한다. 그러나 워싱턴 경찰은 대통령을 경호하는 데 겨우 경관 한 명을 배치한다. 심지어 이 경관은 공연이 시작되자 자리를 떠 근처 술집으로 사라진다. 사실 그는 근무 중 상습적으로 술을 마시며 직무 유기를 일삼던 인물이었다. 어째서 그런 사람에게 대통령 경호라는 막중한 임무를 맡긴 것일까?

수사는 당시 육군장관이던 에드윈 스탠턴(Edwin McMasters Stanton, 미국 남북전쟁 당시 육군장관으로 복무한 법률가이자 정치인. 효율적인 관할로 북군 측의 막대한 군사 자원을 정비하고 연합국을 승리로 이끌었다)이 지휘했다. 현장에 있던 누군가가 부스의 범행 장면을 목격했으나 무슨 영문인지 그는 사건 발생 5시간이 지나서야 부스를 범인으로 지목한다. 그 사람의 진술을 토대로 수배 전단을 배포하는데, 부스가 아닌 다른 사람의 사진을 싣는 실수를 저지르기도 한다. 모든 정황이 부스에게 도망칠 시간을 벌어주는 것처럼 보였다. 이처럼 허술한 수사 탓에 사건 발생 10일 후에야 범인을 잡게 된다.

부스는 버지니아 주에 있는 농장의 헛간에서 포위되었는데, 경찰은 헛간에 불을 지른 다음 부스를 사살했다. 대통령 암살 사건의 용의자를 체포 직전 사살한다는 것은 있을 수 없는 일이다. 수사 과정을 보면 누구라도 부스의 범행에 배후가 있다고 의심할 만한 정황이 속속 드러났다. 실제로 이와 관련해 '어두운 소문'이 나돌기도 했다.

수사를 지휘하던 스탠턴은 반링컨파였다!

암살의 배후로 의심받은 가장 유력한 인물은 수사 지휘를 맡은 스탠턴이었다.

범인 부스는 반링컨파 그룹과 공화당 급진파를 후원하던 인물인데, 스탠턴 역시 그와 같은 반링컨파였다고 한다. 그는 재판장에서 한 증언 때문에 더욱 의혹을 사게 된다.

스탠턴은 애초에 부스의 일기를 갖고 있지 않다고 했으나, 후에 이를 번복하며 일기를 법정에 제출한다. 그런데 일기에서 사건의 단서

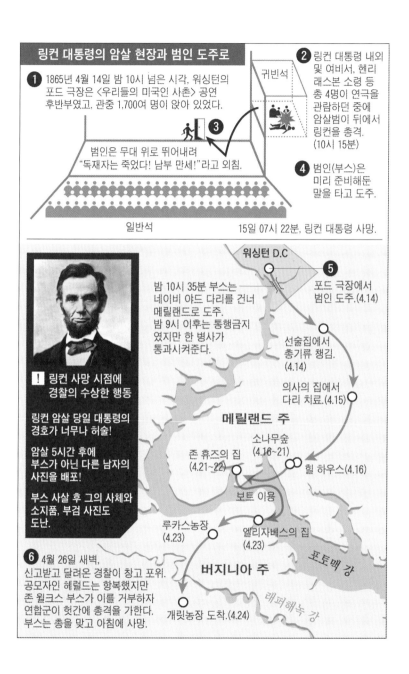

링컨 대통령의 암살 현장과 범인 도주로

1 1865년 4월 14일 밤 10시 넘은 시각, 워싱턴의 포드 극장은 〈우리들의 미국인 사촌〉 공연 후반부였고, 관중 1,700여 명이 앉아 있었다.

귀빈석

2 링컨 대통령 내외 및 여비서, 헨리 래스본 소령 등 총 4명이 연극을 관람하던 중에 암살범이 뒤에서 링컨을 총격. (10시 15분)

3 범인은 무대 위로 뛰어내려 "독재자는 죽었다! 남부 만세!"라고 외침.

4 범인(부스)은 미리 준비해둔 말을 타고 도주.

일반석

15일 07시 22분, 링컨 대통령 사망.

워싱턴 D.C

5 포드 극장에서 범인 도주.(4.14)

밤 10시 35분 부스는 네이비 야드 다리를 건너 메릴랜드로 도주. 밤 9시 이후는 통행금지였지만 한 병사가 통과시켜준다.

선술집에서 총기류 챙김. (4.14)

의사의 집에서 다리 치료.(4.15)

! 링컨 사망 시점에 경찰의 수상한 행동

링컨 암살 당일 대통령의 경호가 너무나 허술!

암살 5시간 후에 부스가 아닌 다른 남자의 사진을 배포!

부스 사살 후 그의 사체와 소지품, 부검 사진도 도난.

메릴랜드 주

소나무숲 (4.16~21)

존 휴즈의 집 (4.21~22)

힐 하우스(4.16)

보트 이용

루카스농장 (4.23)

엘리자베스의 집 (4.23)

포토맥 강

6 4월 26일 새벽, 신고받고 달려온 경찰이 창고 포위. 공모자인 헤럴드는 항복했지만 존 윌크스 부스가 이를 거부하자 연합군이 헛간에 총격을 가한다. 부스는 총을 맞고 아침에 사망.

버지니아 주

개릿농장 도착.(4.24)

래퍼해녹 강

로 추정되는 18페이지가량이 찢겨 있었기 때문이다. 당시 일기의 찢겨나간 부분만 발견되었어도 사건의 진상이 어느 정도 밝혀졌을 것이다.

그런데 바로 그 부분에 의혹을 제기했던 스탠턴의 부하 베이커가 공교롭게도 얼마 후 갑자기 사망한다. 사인은 뇌수막염으로 밝혀졌지만, 사실은 입을 막기 위해 스탠턴이 죽였다고 짐작만 할 뿐이다. 직접적인 증거는 없지만 이런 정황이라면 사건의 배후가 스탠턴이라 해도 전혀 이상하지 않을 정도이다.

링컨 대통령 암살 사건은 영구 미제로 남았지만, 그에 대한 역사적 평가는 앞으로도 계속될 것이다.

케네디 대통령 암살 사건의
공범이 있었다?

오스왈드 혼자서
케네디 대통령을 암살했다?

1963년 11월 22일, 미국 텍사스 주 댈러스에서 퍼레이드 중이던 제 35대 대통령 존 F. 케네디가 암살당한다. 20세기의 가장 충격적인 사건 중 하나이다.

삼엄한 경호 속에 펼쳐진 퍼레이드의 종반, 대통령을 태운 차가 TSBD(텍사스학교도서관협회) 빌딩 앞을 지나던 순간 총성이 여러 번 울렸고, 케네디는 양손으로 머리를 감싼 채 좌석으로 쓰러졌다. 케네디에게는 두 발의 탄환이 명중했는데, 한 발은 목을, 다른 한 발은 머리를 관통했다. 앞좌석에 타고 있던 코널리 주지사도 중상을 입었다.

전 세계를 충격에 빠트린 사건임에도 불구하고 케네디 대통령 암살 사건 수사는 일사천리로 진행되었다. 댈러스 경찰은 총성이 울린지 3시간 만에 용의자 리 하비 오스왈드를 체포한다. 사건 당시 그는 TSBD 빌딩에 있었고, 빌딩 6층에서 그의 지문이 묻은 라이플총과 탄피 세 개, 운반용 봉투가 발견되었다. 사건은 오스왈드의 단독 범행으로 일단락되었다.

그러나 체포 이틀 뒤, 오스왈드는 경찰서에 난입한 잭 루비라는 남자에게 사살된다. 이 남자는 몇 년 후 병사했고, 이후 아무도 이 사건을 입에 올리지 않았다. 미국 국민들은 오스왈드가 진실을 은폐하기 위한 희생양에 불과하다고 믿었다. 케네디 암살은 오스왈드의 단독 범행이 아닌, 거대한 음모가 도사린 조직적 범행의 결과물이라는 것이다.

케네디 대통령은 두 방향에서 총을 맞았다!

케네디의 죽음으로 부대통령에서 대통령으로 승격한 존슨 대통령은 진상 규명을 위해 최고위 장관 얼 위렌을 주축으로 한 '위렌 위원회'를 발족한다.

위원회는 뒤쪽 위에서 발사된 두 발의 총탄, 즉 오스왈드가 숨어 있었던 TSBD 6층에서 발사된 총알이 케네디에게 명중했다고 발표한

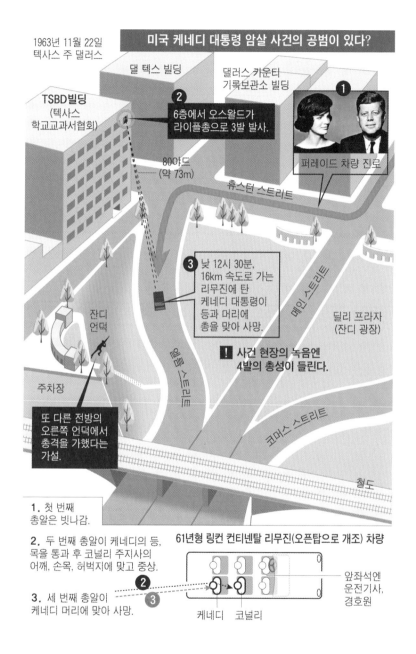

1963년 11월 22일
텍사스 주 댈러스

미국 케네디 대통령 암살 사건의 공범이 있다?

댈 텍스 빌딩

댈러스 카운티
기록보관소 빌딩

TSBD빌딩
(텍사스
학교교과서협회)

2 6층에서 오스왈드가
라이플총으로 3발 발사.

1

퍼레이드 차량 진로

800야드
(약 73m)

휴스턴 스트리트

3 낮 12시 30분,
16km 속도로 가는
리무진예 탄
케네디 대통령이
등과 머리에
총을 맞아 사망.

메인 스트리트

딜리 프라자
(잔디 광장)

잔디
언덕

엘름 스트리트

! 사건 현장의 녹음엔
4발의 총성이 들린다.

주차장

또 다른 전방의
오른쪽 언덕에서
총격을 가했다는
가설.

코머스 스트리트

철도

1. 첫 번째
총알은 빗나감.

2. 두 번째 총알이 케네디의 등,
목을 통과 후 코널리 주지사의
어깨, 손목, 허벅지에 맞고 중상.

3. 세 번째 총알이
케네디 머리에 맞아 사망.

61년형 링컨 컨티넨탈 리무진(오픈탑으로 개조) 차량

2
3

앞좌석엔
운전기사,
경호원

케네디   코널리

다. 덧붙여 사건에 배후는 없다고 강조했다. 하지만 이 발표는 사람들을 혼란에 빠뜨렸고, 대통령 암살을 둘러싼 의혹만 더욱 가중시켰다.

조사 결과에 따르면 케네디의 등과 목을 관통한 총알은 앞좌석에 있던 코널리 주지사의 오른쪽 어깨에 맞은 후 몸을 관통, 가슴 아래로 나간 다음 오른쪽 손목을 관통하여 마지막에는 왼쪽 허벅지에 명중했다고 한다. 즉, 총알 하나가 기묘한 탄도를 그리며 두 사람의 몸 일곱 군데를 뚫었다는 것이다! 이것은 속칭 '마법의 총탄'으로 불리며 진위 논쟁을 불러일으켰다.

또한 그보다는 케네디가 두 방향에서 총을 맞은 것으로 추측되고 있다. 즉, 또 다른 범인이 있었다는 것이다. 탄흔의 위치로 추측하건대 두 번째 저격 장소는 케네디의 차가 달리던 방향의 오른쪽 앞에 있는 '잔디 언덕(grassy knoll)'이 유력하다. 이상한 것은 그뿐만이 아니다.

케네디의 시신은 부검이 결정되었다. 부검을 하면 두 발의 총알이 어떤 각도에서 날아왔는지 알아낼 수 있다. 그러나 부검 담당 의사는 저격 장소를 알 수 없다는 수상한 결론을 내렸다.

케네디 암살에는 누구도 알아서는 안 되는 어떤 불편한 진실이 있는 것일까? 사실 오스왈드는 체포 후 "나는 책임을 다했을 뿐이다"라는 의미심장한 말을 남겼다.

케네디 암살 관련 조사 자료는 2039년까지 공개가 금지되어 있다. 20세기 최대의 암살 사건의 전모가 밝혀지려면 시간이 조금 더 필요할 듯하다.

마야 문명은
누구에게 멸망되었는가?

번영을 누리던 마야의 도시들이
차례로 몰락했다

멕시코 남부에서 온두라스 서부에 이르는 중앙아메리카는 먼 옛날 마야 문명이 꽃핀 지역이다. 마야 문명은 독자적인 언어, 정확한 천문 지식, 태양신 신앙 등 풍부한 문화를 만들어낸 수준 높은 문명으로, 3세기 중반부터 10세기 초까지 절정기를 누렸다. 이 기간 동안 신전, 궁전과 같은 대규모 건물이 세워졌고, 지역마다 새로운 도시가 잇달아 탄생했다. 각 도시에는 독자적인 왕조가 있었으며, 타 도시와 동맹을 맺거나 적대 관계를 이루면서 번영이 절정에 달했다.

그러나 오래지 않아 마야의 도시들은 차례로 몰락했고, 결국 마야

치첸이트사의 천문대, 멕시코, ⓒ John Romkey, Wikimedia Commons

코판의 웨스트코트, 온두라스, ⓒ Talk2winik, Wikimedia Commons

문명은 송두리째 붕괴되었다. 그 이유는 지금까지 밝혀지지 않았고, 전문가들도 각기 다른 설을 주장하고 있다.

하지만 마야 문명이 한순간에 멸망했다는 점에 대해서는 대부분 의견이 일치한다. 도시 간의 전쟁과 역병 때문에 사람들이 순식간에 사라졌고, 이와 함께 정치, 경제, 사회, 문화 시스템 전체가 붕괴되어 주변부를 포함한 모든 도시가 폐허 상태로 방치되었다는 것이다.

그런데 최근에는 이러한 견해가 부정되고 있다. 오랜 세월 동안 조사한 결과, 마야 문명의 붕괴가 장기간에 걸쳐 서서히 진행된 것으로 드러난 것이다.

마야 문명의 미스터리를 해독할 수 있는 상형문자 발견!

그렇다면 마야 문명이 붕괴된 진짜 원인은 무엇일까?

먼저 왕에 대한 지방 수장들의 반란을 추측해볼 수 있다. 마야의 도시는 본래 견고한 왕권 중심의 통치 시스템 아래 지배자와 피지배자가 확실하게 나뉘어 있었다. 그러나 도시의 발달과 함께 지방 수장 계급의 정치력과 경제력이 강해지면서 기존의 정치 체제가 바뀌게 되었다. 지방 수장의 권력이 점점 강해지면서 결국 왕권의 지나친 간섭에서 벗어나기 위해 반란을 일으킨 것이다.

또 한 가지 원인으로 지적되는 것은 인구의 급격한 증가이다. 문명이 본격적으로 몰락의 길을 접어들기 전부터 마야는 각 도시의 인구 수가 증가하면서 식량이 부족해져 영양실조가 만연했다. 자연히 도시의 생활 환경이 악화되어 높은 수준의 문명을 유지하기가 어려워졌다는 뜻이다.

식량 확보를 위해 토지의 한계를 무시한 경작과 삼림 벌채가 무분별하게 자행되어 환경이 파괴된 것도 한몫했다. 게다가 강우량 감소로 가뭄이 계속되면서 도시 간 물물 교환의 통로였던 장거리 교역 경로가 재편성되는 결과를 가져왔다. 이로써 기존에 교역 중심지로 혜택을 누렸던 도시들이 경제적으로 어려움을 겪으면서 서서히 몰락의 길을 걸었다고 분석한다.

이처럼 마야 문명은 하나의 결정적인 요인이 아니라 복합적인 요인에 의해 멸망했다고 볼 수 있다. 멸망에 이른 경위 또한 여러 가지로 미스터리한 부분이 많지만, 전문가들의 연구 결과를 바탕으로 조금씩 밝혀지고 있는 중이다.

그 가운데 마야 문명의 미스터리를 해독할 수 있는 상형문자가 발견되어 세계 학계의 주목을 받았다. 1940년, 온두라스와 과테말라 국경 근처의 코판(copan, 절벽의 창) 유적에서 발견된 상형문자가 바로 그것이다.

계단 한 면에 코판의 역사를 상형문자로 새긴 이 유적은 마야 문명에서 가장 아름답고 화려한 유적으로 꼽힌다. 다만 1800년대 발생한 지진으로 무너지는 바람에 유적 일부를 다시 맞추고 해독하는 작업에 시간이 걸리고 있다. 2000년대 초반 현재, 유적 복원 작업은 80퍼센

마야 문명의 멸망 원인?

치첸이트사에 있는
상징적이고 웅장한
마야 신전.

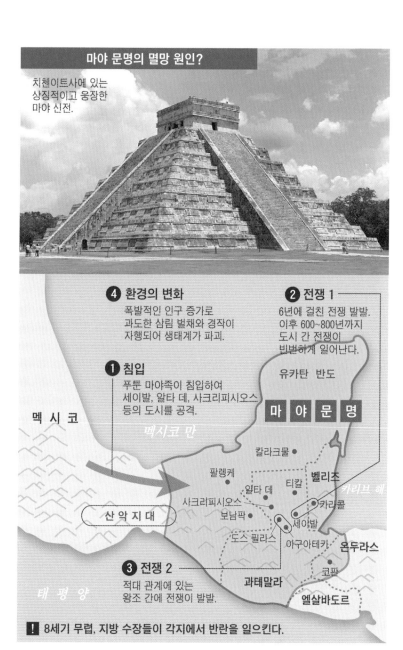

❹ 환경의 변화
폭발적인 인구 증가로
과도한 삼림 벌채와 경작이
자행되어 생태계가 파괴.

❷ 전쟁 1
6년에 걸친 전쟁 발발.
이후 600~800년까지
도시 간 전쟁이
빈번하게 일어난다.

유카탄 반도

마 야 문 명

❶ 침입
푸툰 마야족이 침입하여
세이발, 알타 데, 사크리피시오스
등의 도시를 공격.

멕 시 코

멕시코 만

칼라크물

팔렝케

산 악 지 대

알타 데

티칼

벨리즈

카리브 해

사크리피시오스

카라콜

보남팍

세이발

도스 필라스

아구아테카

온두라스

❸ 전쟁 2
적대 관계에 있는
왕조 간에 전쟁이 발발.

코판

태 평 양

과테말라

엘살바도르

❗ 8세기 무렵, 지방 수장들이 각지에서 반란을 일으킨다.

트 가까이 완료되었다고 한다.

코판 유적에서 발견된 상형문자가 모두 해독되면, 그동안 오리무중이었던 마야 문명의 미스터리에 관한 새로운 사실이 밝혀질 것으로 보인다.

'해적왕' 캡틴 키드가 남긴
보물 지도가 가리키는 곳은?

해적을 물리치다가
스스로 해적왕이 된 사나이

만화 《원피스》에 나오는 해적왕 G. 로저는 "세상의 끝에 세상의 모든 것을 묻어두었다"라고 말한다. 하지만 우리의 상상과는 달리 일반 해적들은 돈에 대한 관념이 부족해서 약탈한 보물을 흥청망청 써버리는 경우가 대부분이었다. 그래서 해적들이 은퇴한 후 빚에 쪼들리면서 가난하고 비참하게 살았다는 기록이 많이 남아 있다. 또한 전설처럼 전해지는 보물지도 이야기가 많지만 실제로 보물을 매장한 기록은 찾기 힘들다.

하지만 17세기 말경에 활동한 해적의 대명사 캡틴 키드는 다른 해적들과 비교하면 수준의 차원이 다르다고 한다. 먼저 이 전설적인 인물이 어떻게 해적의 길을 가게 되었는지 살펴보자.

그의 본명은 윌리엄 키드이며, 스코틀랜드인 목사의 아들로 태어나 수준 높은 교육을 받았다. 그의 유년 시절은 별로 알려진 게 없지만, 군인으로 영국과 프랑스 전쟁에 참전한 사실은 잘 알려져 있다.

군인으로서 세운 업적 또한 만만치 않다. 1689년 영국과 프랑스 사이에 벌어진 전쟁에서 활약하여 윌리엄 3세에게 공로장을 받기도 한 훌륭한 군인이었기 때문이다.

그는 군인 생활을 그만두고 1695년 이후 갑자기 영국의 사략선(私掠船, 정부로부터 적국의 선박을 공격하고 나포할 권리를 인정받은 개인 소유의 무장 선박) 면허를 취득하고자 런던으로 향한다. 그 무렵 영국 국왕은 인도양에 들끓는 해적선 문제로 고심했고, 해군의 힘으로는 한계가 있었기 때문에 사략선으로 부족한 전투력을 보완하고 있었다.

사략선 면허를 취득한 키드는 사략선의 선장이 되어 해적을 물리치러 떠난다. 그는 키가 크고 힘이 센 데다, 체구도 당당하고 두뇌가 기민해서 전투에서 많은 공을 세웠다고 전해진다.

키드는 뉴욕으로 건너가 매우 부유한 미망인 사라 오트와 결혼하고, 맨해튼 아일랜드에 고급 주택을 구입해서 정착한다. 그리고 이후 몇 년간 사략선 활동을 적극적으로 펼치면서 사업을 확장한다.

한편 키드는 사업을 확장하는 중에 적국 프랑스 상선을 한두 척 나포한 후, 돈을 벌기 위해 본격적으로 나포 항해를 하기로 마음먹는다. 그는 이 항해를 위해 돈을 투자할 후원자를 찾았고, 뉴욕 총독인 리처

처형당한 키드, 런던 국립해양박물관,
Wikimedia Commons

드 벨몬트 백작과 정부의 후원을 얻어내는 데 성공한다.

결국 그에게는 해적선과 적국인 프랑스 국적의 배를 공격할 수 있
는 권리가 동시에 주어졌다. 그러나 당시 사략선은 해적선에서 획득
한 전리품으로 살아야 하는 것이 규칙이었다. 해적을 잡지 못하면 굶
어 죽을 수밖에 없다는 이야기이다.

때문에 해적들을 잡지 못하자 키드는 수익을 올리기 위해 스스로
해적이 되고 말았다. 주로 다른 나라의 순례 함대와 교역선을 공격해
물자를 약탈하기 시작한 것이다.

양피지에 그려진
'보물섬' 지도가 발견되었다!

1698년, 키드는 인도의 상선 퀘다 머천트(Quedah Merchant) 호를 제압한다. 이 배에는 페르시아 상인에게 보내는 황금, 보석 등 총 71만 파운드 상당의 물품이 실려 있었다. 그러나 키드는 이미 해적 활동 때문에 정부에서 체포영장이 발부되어 추적당하는 상황이었다. 키드는 체포되기 직전에 자신의 배는 물론 퀘다 머천트 호까지 포기해야 했다.

그는 소형선으로 도피를 시도하지만 결국 체포되었고, 재판에 회부되어 사형 선고를 받았다. 키드는 어느 영국 하원의원에게, 자신을 도와주면 보물이 어디 있는지 알려주겠다고 하면서 선처를 호소한다. 그러나 그의 간절한 요청은 받아들여지지 않았고 그대로 교수형에 처해졌다.

그가 남긴 보물 중 일부는 롱아일랜드 근처 가디너스(Gardiners) 섬에서 발견되었고, 그의 재산에서 얻어진 수익금과 '안토니오 호'에 있던 재물들은 영국 정부가 압류해 자선 사업에 활용했다.

하지만 당시 키드가 나포한 퀘다 머천트 호의 행방은 오리무중이었다. 그가 히스파니올라 섬에서 퀘다 머천트 호를 떠났기 때문에 어쩌면 퀘다 머천트 호는 그곳에서 폐기되었을 가능성이 크다는 이야기가 나왔다. 어떻든 이 배는 키드가 떠난 이후 배 안에 있던 수많은 보물들과 함께 감쪽같이 사라져 행방을 알 수가 없다.

그때부터 키드가 숨겨둔 보물에 대한 전설 같은 이야기들이 나돌

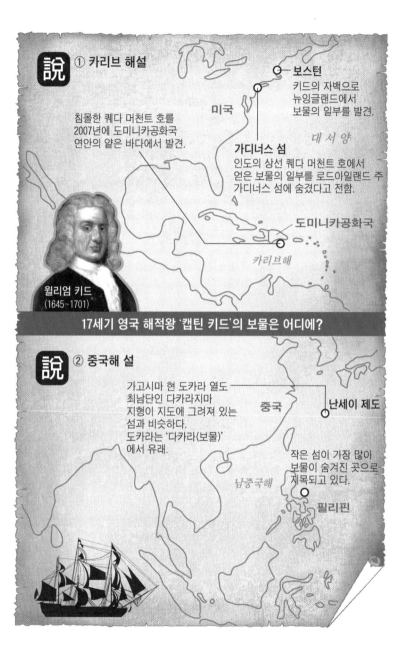

說 ① 카리브 해설

보스턴
키드의 자백으로 뉴잉글랜드에서 보물의 일부를 발견.

침몰한 퀘다 머천트 호를 2007년에 도미니카공화국 연안의 얕은 바다에서 발견.

미국

대서양

가디너스 섬
인도의 상선 퀘다 머천트 호에서 얻은 보물의 일부를 로드아일랜드 주 가디너스 섬에 숨겼다고 전함.

도미니카공화국

카리브해

윌리엄 키드
(1645~1701)

17세기 영국 해적왕 '캡틴 키드'의 보물은 어디에?

說 ② 중국해 설

가고시마 현 도카라 열도 최남단인 다카라지마 지형이 지도에 그려져 있는 섬과 비슷하다.
도카라는 '다카라(보물)'에서 유래.

중국

난세이 제도

작은 섬이 가장 많아 보물이 숨겨진 곳으로 지목되고 있다.

남중국해

필리핀

기 시작했다. 소문 중에는 키드가 증거 인멸을 위해 퀘다 머천트 호를 일부러 침몰시켰다는 소문도 있었고, 보물의 일부를 롱아일랜드의 가디너스 섬에 숨겼다는 소문도 있는 등 여러 가지 설이 등장했다.

키드가 처형되고 200년 후인 1929년, 캡틴 윌리엄 키드라는 이름이 새겨져 있는 낡은 책상이 골동품 시장에 등장한다. 책상의 움푹 팬 곳에서 양피지에 그려진 지도가 발견되었고, '중국해'라는 이름이 붙은 이 지도에는 작은 섬이 그려져 있었다. 중국해의 어느 섬에 보물이 숨겨져 있다는 것인지, 키드의 보물지도에 대한 궁금증이 커지기 시작했다.

그러나 보물이 숨겨져 있을 만한 지역을 대규모로 수색했지만 보물은 찾을 수 없었고 어떤 단서도 발견되지 않는다. 키드가 지도에 중국해라고 적은 것은 눈속임이었을 뿐이다, 키드의 보물이 숨겨진 곳은 그가 무역상을 하던 시절에 살던 뉴욕의 근해일 것이다 등등 갖가지 억측이 또 쏟아지기 시작했다.

흥미로운 것은 지금도 보물 사냥꾼들이 캡틴 키드가 카리브 해든 어디에 있는 섬이든 숨겨놓은 보물 해적선을 찾고 있다는 사실이다. 실제로 지난 2007년 12월에 미국 인디애나 대학교 수중탐사팀이 도미니카공화국 남동쪽 카탈리나 섬 부근에서 캡틴 키드의 보물선 퀘다 머천트 호로 추정되는 잔해들을 발견했다고 공식 발표하기도 했다.

17세기 카리브 해에서 활동했던 스코틀랜드 해적 윌리엄 키드가 숨겨놓았다는 보물은 여전히 전 세계 보물 탐험가들의 목표이다. 그의 전설을 지금도 사실로 믿고 있기 때문이다

이스터 섬의 모아이 석상은
무엇을 상징하는가?

이스터 섬의 원주민 조상은
언제, 어디서 왔는가?

남태평양에 떠 있는 절해고도 이스터 섬은 커다란 모아이 석상이 늘어서 있는 모습으로 유명하다.

모아이 석상이 역사에 등장한 것은 1722년이다. 네덜란드의 탐험가 로헤베인(Jacob Roggeveen)이 남태평양의 작은 섬을 발견, 섬 해안에 거대한 석상들이 있는 것을 목격했다. 그날이 마침 부활절(Easter)이었기 때문에 섬의 이름은 이스터 섬이 되었다.

이 기묘한 석상을 만든 섬 주민은 대체 어디서 왔으며, 무슨 목적으로 석상을 만든 것일까? 그때부터 세계의 연구자들이 이 미스터리를

이스터 섬 라파누이 기념비, 1775년, 윌리엄스, 이스터 국립해양 박물관

파헤치기 시작했다.

　노르웨이의 탐험가인 헤위에르달(Thor Heyerdahl)은 이스터 섬의 문화가 남아메리카에서 온 사람들을 통해 전파되었다고 추측했다. 그는 이 사실을 책으로 펴내기까지 했다. 모아이의 조형과 조석(粗石) 방법이 잉카 문명의 석조 기술과 유사한 점, 폴리네시아에 널리 분포하는 고구마의 원산지가 남아메리카라는 점, 바위그림에 그려져 있는 조인(鳥人) 문양이 페루에서도 발견된 점 등 남아메리카와 문화적 접촉이 있었음을 알 수 있는 증거가 남아 있기 때문이다.

　그러나 이후 조사에서 당시 잉카인들에게는 항해 기술이 없었던 것으로 판명된다. 즉, 남아메리카의 문화를 이스터 섬에 전파할 방법이 없었던 것이다. 오히려 수준 높은 항해 기술을 보유했던 폴리네시아인이 남아메리카에 건너가 잉카 문명을 접한 뒤 이스터 섬으로 들여왔다고 보는 편이 자연스럽다.

현재 가장 유력한 주장은 모아이 석상을 만든 선조가 동남아시아에서 기원한다는 설이다. 이스터 섬의 문화가 동남아시아에서 폴리네시아를 거쳐 들어왔다는 것이다.

가령 인도네시아의 술라웨시 섬에는 모아이와 비슷한 석조 신이있다. 이스터 섬에서 재배되고 있는 타로고구마, 바나나, 사탕수수 등의 식물과 닭 등의 가축을 통해 아시아, 폴리네시아와 깊은 관계가 있는 것을 알 수 있다. 또한 이스터 섬에서 사용되던 라파누이어는 동남아시아를 중심으로 한 오스트로네시아어의 일종이라는 의견이 있다. 오스트로네시아어를 사용했던 민족이 대만에서 필리핀, 인도네시아로 퍼졌고 거기서 통가와 사모아, 동폴리네시아를 건너 이스터 섬까지 전파되었을 가능성이 있다.

그렇다면 그 선조들이 모아이상을 만든 이유는 무엇일까?

모아이 석상은 옛 왕과 수장의 상징물이다?

모아이 석상은 13세기부터 16세기까지 900여 개가 만들어졌는데, 수백 개의 석상을 만든 이유와 목적에 대해서는 알려진 바가 없다. 문

이스터 섬 사람들의 조상은 어디서 왔는가?

세로 테레바카 산
푸아 카티케 화산
이스터 섬
라노 라라쿠
라오카오 분화구

인면 석상은 해안가에 550개가 있다.

說 ① 남아메리카 기원설

노르웨이 탐험가 토르 헤위에르달이 제창한 설. 1947년 표류 실험을 통해 증명했으나 현재는 인정받지 못함.

태 평 양

이스터 섬

잉카 문명지

남아메리카

고구마와 잉카 문명의 석조 기술을 들여왔다?

❗ 고구마를 제외한 식물은 모두 아시아산, 남아메리카의 토기와 직물이 없으므로 남아메리카의 영향을 받은 것이 아니다?

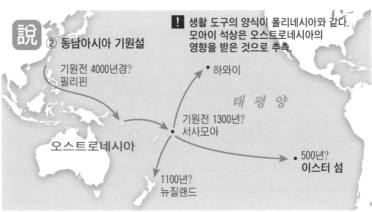

說 ② 동남아시아 기원설

❗ 생활 도구의 양식이 폴리네시아와 같다. 모아이 석상은 오스트로네시아의 영향을 받은 것으로 추측.

기원전 4000년경? 필리핀

하와이

태 평 양

기원전 1300년? 서사모아

오스트로네시아

500년? 이스터 섬

1100년? 뉴질랜드

명사회와 단절된 채 수백 년이 지나는 동안 섬의 거석문화는 이미 쇠퇴했고, 모아이 석상에 대한 어떤 기록도 남아 있지 않다. 게다가 원주민들 사이에 구전되는 전설도 없기 때문에 말 그대로 영원한 미스터리로 남을 가능성이 농후하다.

모아이 석상을 연구한 전문가들 사이에서 부족의 숭배 대상, 부적 같은 수호비, 부족의 위엄을 나타내는 상징물 등 여러 가지 해석이 나왔지만 확실한 것은 없다. 옛날 섬의 장로가 캡틴 쿡(영국의 탐험가이자 항해가로, 본명은 제임스 쿡. 뉴질랜드와 오스트레일리아를 탐험하고 1772년에 남극권에 들어갔다. 1776년에 북태평양 탐험을 떠났으며, 베링 해협을 거쳐 북빙양에 도달했다. 그의 탐험으로 태평양 여러 섬의 위치와 명칭이 결정되었고, 오늘날과 거의 같은 태평양 지도가 만들어졌다)에게 전한 바로는 옛 왕과 수장을 나타내는 상징물의 표시이다.

평균 높이 3~10미터, 무게는 수 톤, 큰 것은 10미터가 족히 넘고 무게도 수십 톤에 달한다. 갸름한 얼굴과 우뚝한 코, 눈 밑이 움푹 들어간 독특한 생김새로 서 있는 모아이 석상은 이스터 섬이 신비로 가득한 곳이라고 말하는 듯하다.

미국-스페인 전쟁의 불씨가 된
메인 호 폭발 사건의 미스터리

아바나 항에서 군함이 침몰하면서
미국이 스페인에 선전포고

1898년 4월에 발발한 미국-스페인 전쟁은 시종일관 미국이 우세한 양상을 보이다 4개월 만에 미국의 압승으로 끝난다. 이 전쟁이 발발하게 된 원인을 둘러싼 미스터리는 지금도 계속되고 있다. 당시 미국이 스페인에 비해 국력과 군사력이 압도적으로 우세했는데 스페인이 먼저 도발할 이유가 전혀 없었다는 것이다.

　미국-스페인 전쟁은 같은 해 2월, 쿠바의 아바나 항에 정박 중이던 미국의 군함이 침몰하면서 시작된다. 군함 메인 호에는 선원 350명이 타고 있었고, 갑작스러운 폭발로 배가 침몰하면서 260명이 사망한다. 미국은 이 사고를 스페인의 사전 계획에 의한 무력 도발로 간주, 자국에 대한 선전 포고로 받아들인다.

당시 스페인과 미국은 쿠바를 놓고 대립하고 있었다. 스페인의 식민지였던 쿠바에서는 스페인군과 쿠바 혁명군의 전투가 끊이지 않았고, 미국은 쿠바의 독립을 지지하는 입장이었다. 미국의 군함인 메인 호는 쿠바와 스페인 사이에 전투가 한창일 때, 미국이 쿠바 내 미국인들의 생명과 재산을 보호한다는 이유로 1898년 1월에 쿠바 아바나 항으로 보낸 배였다.

만약 스페인이 사전에 계획한 것이 사실이라면 미국을 도발한 이유와 목적은 무엇일까?

당시 스페인은 국내의 정치적 불안이 계속되던 터라, 독립전쟁 이후 강국으로 부상한 미국을 상대로 전쟁을 벌여도 승산이 전혀 없었다. 실제로도 스페인은 전쟁을 시작하자마자 패배했고, 그 여파로 쿠바를 포기한다. 이어서 필리핀, 푸에르토리코, 괌도 미국에 할양(割讓, 국가 간 합의에 따라 영토의 일부를 이전하는 것)하며 국가적으로 큰 손실을 입는다.

한편 당시의 이런저런 정황을 빌미로 삼아 메인 호의 침몰이 미국의 자작극이었다는 설이 제기되기 시작했다. 사건이 일어나고 약 80년 후인 1976년, 메인 호는 연료였던 석탄이 자연 발화한 뒤 화약고로 옮겨 붙어 폭발했기 때문에 침몰했다는 의혹이 제기된 것이다.

이 같은 미국의 음모론은 단숨에 세계인의 이목을 집중시키며 정설로 부상했다. 당시 미국이 스페인과의 전쟁에서 얻는 이점이 많았던 것은 사실이다. 미국은 쿠바의 설탕과 담배 산업에 거액을 투자하여 경제적으로 상당한 이익을 보고 있었다. 따라서 쿠바가 스페인의 지배하에 있는 것보다 독립하는 쪽이 미국으로서는 더 많은 이익을 챙길 수 있다고 판단했을 개연성은 충분하다.

스페인은 사고 직후, 메인 호의 폭발은 자신들의 책략이 아니라 단순한 사고라고 주장하며 미국과의 전쟁을 어떻게든 피하려 했다. 만약 전쟁을 위해 고의로 선제공격을 가했다면 굳이 전쟁을 피하려고 이런저런 핑계를 댈 필요가 없었을 것이다.

미국이 전쟁을 시작할 때는 '수상한 일관성'이 있다!

미국과 관련한 전쟁의 역사를 돌아보면, 적국의 선제공격을 받고 거기에 보복하는 형태로 전쟁에 돌입하는 경우가 많았다.

제1차 세계대전 때도 그렇다. 원래 중립국이었던 미국은 독일이 영국의 여객선 루시타니아 호를 잠수함으로 격침하자 이를 계기로 비로소 참전한다. 당시 미국인 128명이 희생되었기 때문이다. 제2차 세계대전이 한창이었던 1941년, 일본의 하와이 진주만 공습 때도 미국은 일본군의 기습 공격을 기다렸다는 견해가 있다.

베트남전쟁 때는 1964년 8월 통킹 만 사건(미국의 정보 수집 함대가 베트남 근해 통킹 만에서 공격을 받은 사건으로, 미국은 북베트남의 어뢰정에 의한 공격이라면

메인 호 폭발로 인해 미국이 스페인에 선전 포고

미국

대 서 양

미국 메인 호 폭발
(1898년)

아바나 항

쿠바

멕시코

푸에르토리코

카 리 브 해

스페인은 전쟁에서 패한 후
점령지 두 곳에서 철수.

! 스페인이 미국과의 전쟁으로 얻는 메리트가 없다. 메인 호 폭발은 '자작극'인가?

1898년 2월 15일,
미국 대통령의 명으로 쿠바 아바나 항에 정박한
전함 메인 호가 원인 모를 폭발로 침몰해
해군 260명이 사망했다.
시간이 흘러도 사건 원인이 밝혀지지 않자
미 정부는 스페인에 전쟁을 선포한다.
전쟁이 시작된 지 단 몇 주 만에 압도적인
군사력을 내세워 속전속결로 미국이 승리하고,
스페인은 항복한다. 쿠바는 독립하고
푸에르토리코와 필리핀은 미국의 식민 지배를
받는다.

미국의 전쟁

1836년 멕시코와의 전쟁
↳ 알라모 요새의 미군을 공격

1915년 제1차 세계대전
↳ 독일이 루시타니아 호를 격침

1941년 태평양전쟁
↳ 일본이 진주만을 기습

1964년 베트남전쟁
↳ 베트남이 미국에 선제공격

2001년 아프가니스탄 침공
↳ 9.11 동시 다발 테러

서 북베트남의 군사 시설을 보복 폭격했다. 이 사건을 계기로 미국 의회는 대통령에게 무력 행사를 자유롭게 실행할 권한을 부여하는 결의(통킹 만 결의)를 채택하고 본격적으로 베트남에 군사 개입을 하게 된다)으로 북베트남에 선제공격을 당한 후 대규모로 보복 폭격을 실시하면서 전쟁을 시작했다.

이처럼 미국이 항상 같은 패턴으로 전쟁에 돌입하고, 결과적으로 그 전쟁을 계기로 자국의 경제를 호전시키고 국력을 키우는 패턴을 반복한 것은 사실이다. 그렇다면 메인 호 사건에도 미국의 이러한 음모가 도사리고 있었던 것은 아닐까? 사고의 전후 관계를 한번 돌아보자.

배와 비행기가 사라지는
버뮤다 삼각 지대의 미스터리

해저에 괴물이 산다는
소문까지 떠돌았다!

카리브 해 위쪽의 북서 대서양에 자리한 '버뮤다 삼각 지대(Bermuda Triangle)'는 세계의 5대 불가사의 중 하나로 꼽힌다. 예로부터 '마의 삼각 지대(Devil's Triangle)'로 불리면서 수많은 배와 비행기, 사람들이 감쪽같이 사라지는 미스터리한 사건이 자주 발생하는 지역으로 유명한 곳이다.

이곳에서는 기상 조건이 좋은데도 지나가는 배와 비행기가 자주 고장을 일으키며 알 수 없는 이유로 모습을 감추어버린다. 만약 폭발 사고나 충돌 사고라면 잔해를 남기기 마련인데 어떤 사고의 흔적도

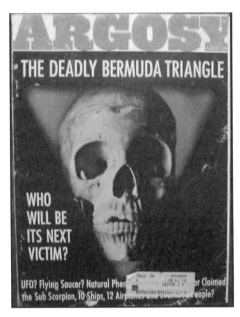

'죽음의 버뮤다 삼각 지대'에 대해 실린 당시의 잡지 아고시 표지

발견되지 않는다. 지금까지 흔적도 없이 사라진 배와 비행기의 사고만 해도 총 200건, 그에 따른 희생자는 1,000명이 넘는다. 사고 이후 가까스로 살아 돌아온 사람들은, 이 해역에 접어든 순간 배와 비행기가 갑자기 방향을 잃고, 통신 설비도 먹통이 되었다고 증언한다. 그리고 드물게 섬뜩한 빛줄기를 목격한 사람도 있다.

'죽음의 장소'로 알려진 이곳은 대서양 버뮤다 제도와 푸에르토리코, 미국의 마이애미를 잇는 삼각형 모양을 이루고 있다. 이곳에서 거듭되는 실종 사고 탓에 해저에 괴물이 산다는 믿지 못할 소문까지 도는 곳이다.

버뮤다 삼각 지대의 괴현상이 처음으로 알려진 것은 1964년이다. 미국의 저널리스트 빈센트 가디스(Vincent Gaddis)는 잡지 〈아고시(Argosy)〉에 '죽음의 버뮤다 삼각 지대'라는 제목으로, 이 지역에서 배가 침몰하거나 비행기가 실종되는 현상이 많다는 내용을 실었다. 아울러 사라진 배와 비행기는 4차원의 구멍으로 빨려 들어간 것처럼 아무런 흔적을 남기지 않았다고 추리했다. 세간의 호기심을 자극하는 이 기사는 단숨에 사람들을 사로잡았고, 더불어 버뮤다 삼각 지대에도 큰 관심이 모아지기 시작했다.

'마의 삼각 지대'에서 괴현상을 일으키는 물질의 정체는?

그렇다면 버뮤다 삼각 지대에서는 구체적으로 무슨 일이 일어나고 있는 것일까? 정말 가디스의 말처럼 배와 비행기가 4차원의 세계로 빨려 들어가는 것일까?

1945년, 미군 전투기 다섯 대가 이 지역에서 한꺼번에 행방불명되는 사건이 일어난다. 초자연적 현상이라고 해도 믿을 정도로 불가사의한 사고였다. 그러나 유사한 사고가 연이어 발생하면서 현대 과학에서는 지구의 자기 이상설이 유력하게 제기되고 있다.

지구 표면에서 약 30킬로미터 들어간 지점에서 해저 지층의 판

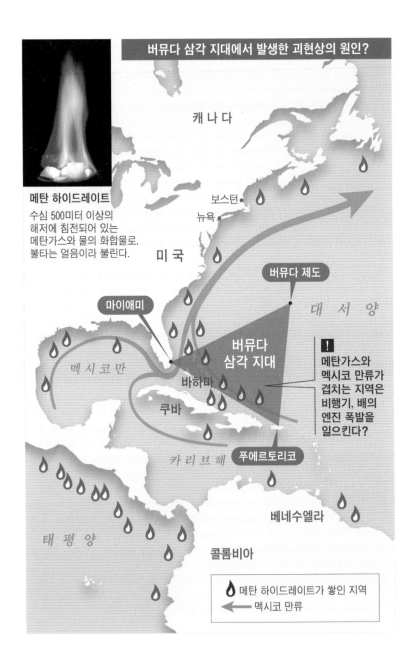

버뮤다 삼각 지대에서 발생한 괴현상의 원인?

메탄 하이드레이트
수심 500미터 이상의
해저에 침전되어 있는
메탄가스와 물의 화합물로,
불타는 얼음이라 불린다.

캐 나 다

보스턴
뉴욕

미 국

마이애미

버뮤다 제도

버뮤다
삼각 지대

대 서 양

멕 시 코 만

바하마

쿠바

! 메탄가스와
멕시코 만류가
겹치는 지역은
비행기, 배의
엔진 폭발을
일으킨다?

카 리 브 해

푸에르토리코

베네수엘라

태 평 양

콜롬비아

메탄 하이드레이트가 쌓인 지역
멕시코 만류

(plate)과 판이 스치는 현상이 일어나는데, 이 현상은 지진과 자기 이상을 유발한다. 이때 자기 이상이 너무 강하면 지상에서 비행기, 배의 레이더와 나침반이 고장 나거나 무선통신이 오작동하는 바람에 큰 사고로 이어질 가능성이 높다. 즉, 버뮤다 삼각 지대는 이 자기 이상의 영향으로 원인을 밝히지 못하는 미스터리한 사고가 다양한 형태로 나타나는 지역이라는 추측이다.

또한 최근에는 메탄 하이드레이트 때문에 기이한 현상이 일어난다고 주장하는 학자도 적지 않다. 메탄 하이드레이트는 가연성인 메탄이 대량 함유된 물의 화합물이며, 석유와 석탄을 대신할 차세대 에너지로 주목받는 자원이다. 버뮤다 삼각 지대의 해저에는 메탄 하이드레이트가 풍부하다. 게다가 세계 최대의 난류인 멕시코 만류가 흐른다.

멕시코 만류가 유입되어 해저 온도가 상승하면 메탄 하이드레이트를 함유한 지층이 파괴되어 엄청난 양의 메탄가스가 발생한다. 메탄가스는 해수면에 거대한 거품을 만들면서 하늘 높이 솟아오른다. 그 결과 배의 부력을 떨어뜨려 침몰시키고, 비행기 엔진에도 영향을 미쳐 폭발에 이르게까지 한다는 것이다.

어디까지나 가설이지만, 유력한 설이 없는 현재로서는 흥미로운 내용이다. 원인을 알 수 없는 사고를 방지하기 위해서라도 본격적인 연구가 이루어져야 할 것이다.

4장
아프리카의 미스터리 역사

'십계'를 기록한 석판 2장, 금 항아리, 지팡이를 넣은 성궤

고고학자 존스(Henry Walton Jones) 박사가 '성궤'를 찾아 나선 후 나치 독일군을 상대로 고군분투하는 이야기가 바로 영화 〈인디아나 존스〉의 내용이다. 그런데 이야기 속의 성궤는 영화 속에서 꾸며낸 것이 아니고, 역사에도 등장하는 실재 성물이다.

구약성서의 출애굽기에 따르면, 이스라엘 민족을 이끌고 이집트를 탈출한 예언자 모세가 시나이 산 정상에서 하느님의 율법에 따르기로 언약했다. 그때 하느님은 모세에게, 아카시아 나무에 순금을 입히고 천사로 장식한 '성궤'를 만든 다음, 그 안에 '십계'를 기록한 석판 두

모세의 기적, 1634년, 니콜라스 푸생, 멜버른 빅토리아 내셔널 뮤지엄

장과 금 항아리, 지팡이를 넣으라고 명한다. 성궤에 담긴 이 물건들은 이스라엘 민족에게 대대로 전해지는 보물 같은 것이었다.

그뿐 아니라 성궤는 이스라엘 민족이 위기에 처할 때마다 기적을 일으키며 구원의 손길을 내밀었다. 구약성서에는 성궤를 앞에 내세우면 그때마다 하느님이 나타나 이스라엘 민족의 앞길을 방해하는 모든 것이 사라지기 때문에 진군을 계속할 수 있다는 내용이 있다. 이후 성궤는 기원전 1005년, 솔로몬 왕에 의해 솔로몬 신전의 지성소(안방)에 안치되었다.

그런데 사소한 행적까지도 구약성서에 기록되었던 성궤가 솔로몬 신전에 안치된 이후 행방에 대한 기록이 갑자기 사라진다. 실제로 그후 성궤를 본 사람이 단 한 명도 없었다. 사라진 성궤 찾기는 그렇게 시작되었다.

유대교 제사장들이
신전 지하에다 성궤를 숨겼다?

사라진 성궤의 행방에 대해서는 기원전 587년, 바빌로니아군이 솔로몬 신전을 파괴했을 때 함께 파괴되었거나 바빌로니아로 반출되었을 것이라는 설이 가장 신빙성을 얻고 있다. 그러나 아무리 이교도라 해도 유대교의 상징인 성궤를 그렇게 쉽게 부수거나 함부로 다른 장소로 옮기지는 못했을 것이라는 반론도 만만치 않다.

한편 바빌로니아군의 공격이 시작되자 솔로몬 신전을 모시던 유대교 제사장들이 '아브라함의 바위'라는 솔로몬 신전의 지하 어딘가에 성궤를 숨겼다는 설도 있다. 아브라함의 바위는 구약성서에 나오듯이 아브라함이 자신의 외아들 이삭을 하느님께 산 제물로 바치려던 곳이다. 신성한 장소로 계승되어온 곳이기 때문에 충분히 가능성이 있는 추론으로 평가받는다.

솔로몬 왕은 신전을 건설할 때 이 바위 밑으로 이어지는 비밀 터널을 만들었다고 한다. 1938년, 미국의 리처드 핼리버튼이라는 남성이 아브라함의 바위 밑 터널에 들어가려고 시도했지만, 지하실로 이어지

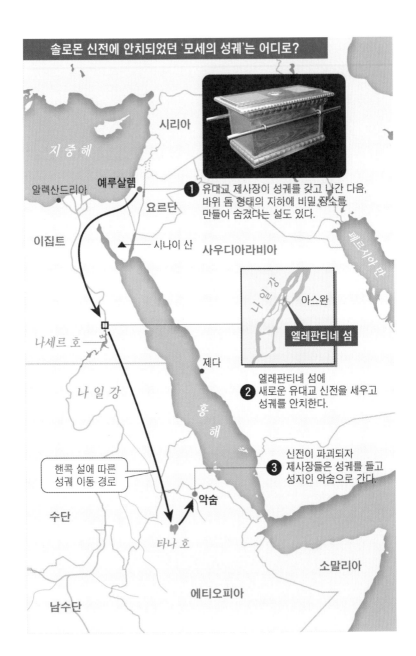

솔로몬 신전에 안치되었던 '모세의 성궤'는 어디로?

시리아

지중해

알렉산드리아

예루살렘

요르단

이집트

시나이 산

사우디아라비아

페르시아만

1 유대교 제사장이 성궤를 갖고 나간 다음, 바위 돔 형태의 지하에 비밀 장소를 만들어 숨겼다는 설도 있다.

나일강

아스완

엘레판티네 섬

나세르 호

제다

나일강

홍해

2 엘레판티네 섬에 새로운 유대교 신전을 세우고 성궤를 안치한다.

신전이 파괴되자 제사장들은 성궤를 둘고 성지인 악숨으로 간다. **3**

핸콕 설에 따른 성궤 이동 경로

악숨

수단

타나 호

소말리아

에티오피아

남수단

는 길이 흙모래에 묻혀 있어 결국 비밀을 밝히는 데 실패했다.

영국의 작가 그레이엄 핸콕(Graham Hancock)이 주장한 '에티오피아 운반설'도 있다. 기원전 600년대에 배교자(背教者) 므낫세가 유대의 왕위에 오른다. 배교의 영향으로 신전에는 이교의 거대 여신상이 세워졌는데, 독실한 유대교 신자인 제사장들이 오염을 우려해 안전한 장소로 성궤를 옮긴다. 제사장들은 우선 이집트로 도망쳐 나일 강 상류의 엘레판티네(Elephantine) 섬에 유대교 신전을 세우고 성궤를 안치한다. 그러나 기원전 5세기, 이집트인과의 충돌로 신전이 파괴되는 바람에 다시 에티오피아의 성지인 악숨(Aksum)으로 옮겼다는 주장이다.

도대체 세계에서 가장 '신성'한 보물은 어디에 잠들어 있는 것일까?

투탕카멘 왕의 저주를 둘러싼
수수께끼의 진실은?

투탕카멘 왕의 저주로
6년간 발굴 관계자 22명이 의문사?

1922년 11월, 이집트 '왕가의 계곡'에서 투탕카멘(Tutankhamun) 왕의 무덤이 발굴되었다. 무덤 내부에서는 투탕카멘의 미라가 잠든 황금 관, 왕의 등신상, 미라를 덮은 황금 마스크, 황금 왕좌 등이 잇달아 발견되었다. 당시 이집트 고고학 관계자 사이에서는 "더 이상 도굴당하지 않은 왕의 무덤은 없다"라는 말이 돌 정도로 도굴 문제가 심각했던 터라, 이 발견의 파장이 굉장했다.

그런데 이 세기의 대발견은 무서운 저주의 서막이기도 했다. 관의 뚜껑에 '왕의 휴식을 방해하는 자, 죽음을 맞으리라'고 쓰여 있었기 때문이다. 물론 '왕의 이름을 알리는 자에게 복이 있으리라'는 글귀도 함께 쓰여 있다. 하지만 18세라는 어린 나이에 사망했다고 알려진 소년왕의 저주가 있을 것이라는 이야기까지 떠돌면서 발굴 사건을 둘러싸고 여러 가지 흉흉한 소문이 만들어졌다.

거기에다 그 저주가 사실이라고 증명이라도 하려는 듯이 투탕카멘의 무덤 발굴에 관여한 사람들이 잇달아 목숨을 잃었다. 첫 번째 희생자는 무덤의 발굴 조사를 후원했던 영국의 금융인이자 대부호 카나본 경(George Edward Stanhope Molyneux Herbert, 5th Earl of Carnarvon)이었다. 그는 발굴 착수 6개월 후인 1923년 4월 5일, 면도하다 생긴 상처 부위를 모기에게 물린 뒤 패혈증으로 고열에 시달리다 갑작스럽게 사망했다. 카나본 경의 상처 부위가 투탕카멘 미라의 얼굴에 난 상처와 똑같은 부위였다니 소름이 돋을 수밖에 없었다.

이어서 미국의 고고학자이자 건축가였던 아서 메이스(Arthur Mace)가 왕의 무덤에서 작업하던 중 갑자기 추락사한다. 카나본 경의 부고를 접하고 이집트를 방문한, 카나본의 친구이자 미국의 철도업계 거물이었던 제이슨 제이 굴드(Jason Jay Gould)도 투탕카멘의 무덤을 견학한 다음 날 원인 모를 고열로 사망한다.

그 밖에도 희생자가 한둘이 아니었다. 투탕카멘의 엑스레이를 최초로 촬영한 영국인 기사 아치볼드 더글러스 리드(Archibald Douglas Reid), 투탕카멘 미라의 검시를 담당한 의사 데리 더글러스(Derry Douglas), 관을 촬영한 카메라맨 프랭크 로리(Frank Laurie) 등 미라 조사에 직접 참여했던 사람들이 잇달아 미심쩍은 죽음을 맞이했다. 그리고 고고학자 에블린 화이트(Evelyn White)는 '파라오의 저주에 쓰러졌다'라는 의문의 유서를 남기고 자살했다. 또한 카나본 경의 부인 알미나가 죽는 등, 카나본 경이 죽고서 6년에 걸쳐 무려 22명의 유적 발굴 관계자가 목숨을 잃었다고 한다.

저주의 진실은 90년이 지난 지금도 오리무중!

유적 발굴에 참여한 사람들의 잇따른 의문사를 매스컴이 '파라오의 저주'로 명명하자, 세상 사람들도 뜨거운 관심을 가지면서 점차 저주의 존재를 믿기 시작했다. 한편 죽음의 원인에 대한 과학적 분석도 시도했다.

죽음의 원인으로는 고대의 바이러스설이 가장 주목을 끌었다. 1962년, 카이로 대학교의 에제딘 타하 박사는 고고학자와 박물관 학회원이 잘 걸리는 특수한 질병을 발견한다. 그는 왕릉 발굴 관계자의 죽음은 미라의 체내와 밀폐된 석실에 서식하는 '흑국균(Aspergillus niger)' 때문이라고 발표했다.

그 밖에도 고대 이집트의 신관이 왕릉 내에 장치해둔 독약 때문이라는 설, 독사에 물렸다는 설, 말라리아설 등이 등장했고, 급기야 방사선으로 인한 장애설, 우주인 관련설과 같이 기상천외한 갖가지 설이 등장해 세간의 호기심을 자극했다.

투탕카멘과 아내 안케세나멘의 석상, 룩소르 사원, ⓒ Ad Meskens, Wikimedia Commons

그러나 어떤 주장도 결정타가 되지는 못했다. 병원균의 경우 왕릉에 들어가지 않은 사람의 죽음을 설명하지 못하며, 독사설과 말라리아설도 사체에 흔적이 없어 설득력이 없다.

첫 번째 변사 사건으로부터 90년 가까이 지난 지금도 유적 발굴에 관여한 사람들의 죽음을 둘러싼 수수께끼는 풀리지 않고 있다. 과학만능의 시대에 살고 있지만 '파라오의 저주'설은 과학적으로는 설명이 불가능한 영역의 일이라 여겨지기도 한다.

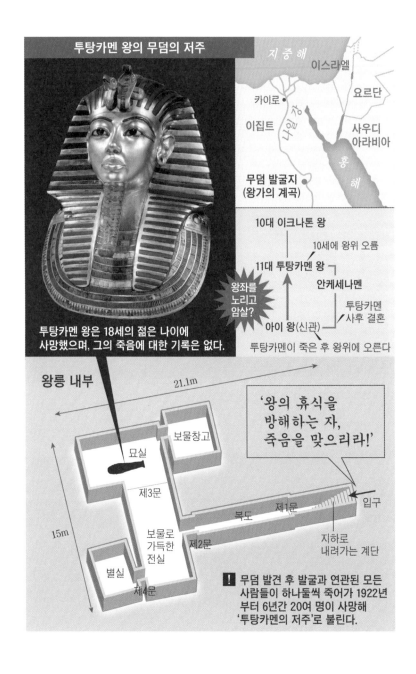

투탕카멘 왕의 무덤의 저주

지중해

이스라엘

카이로 · 요르단

이집트 사우디 아라비아

홍해

무덤 발굴지
(왕가의 계곡)

10대 이크나톤 왕

10세에 왕위 오름

11대 투탕카멘 왕

안케세나멘

왕좌를 노리고 암살?

투탕카멘 사후 결혼

아이 왕(신관)

투탕카멘이 죽은 후 왕위에 오른다

투탕카멘 왕은 18세의 젊은 나이에 사망했으며, 그의 죽음에 대한 기록은 없다.

왕릉 내부

21.1m

'왕의 휴식을 방해하는 자, 죽음을 맞으리라!'

보물창고

묘실

제3문

복도 제1문

입구

15m

보물로 가득한 전실

제2문

지하로 내려가는 계단

별실

제4문

! 무덤 발견 후 발굴과 연관된 모든 사람들이 하나둘씩 죽어가 1922년 부터 6년간 20여 명이 사망해 '투탕카멘의 저주'로 불린다.

투탕카멘은 10세에 왕위에 올랐고, 출산 경험까지 있는 이복누나와 결혼했는데 18세라는 어린 나이에 사망했다고 알려져 있다. 왕좌를 노리는 자에게 암살되었다는 설과, 근친상간으로 얻은 병으로 고생하다 말라리아에 걸려 사망했다는 설이 있다.

투탕카멘의 무덤 발굴로 쏟아진 엄청난 황금은 현재 이집트의 돈줄이 되었지만, 억울하게 요절한 투탕카멘의 무덤에 진짜 저주가 걸려 있는지에 대해서는 아직도 의견이 분분하다.

솔로몬 왕을 사로잡은
시바의 여왕은 누구인가?

구약성서와 코란에 등장하는
전설적인 시바의 여왕

구약성서와 코란에서 차지하는 비중이 적지 않음에도 실체에 대해서는 거의 알려진 바가 없는 전설적인 여왕이 있다. 바로 시바(Sheba)의 여왕이다.

그녀는 구약성서의 내용대로 이스라엘 방문을 통해 유명해졌다. 기원전 940년경, 시바의 여왕은 이스라엘 솔로몬 왕의 부름을 받고 여러 시종과 함께 대량의 금은보화, 향료 등을 싣고 예루살렘으로 향한다. 여행의 목적은 솔로몬의 지혜를 직접 확인하는 것이었다. 솔로몬 왕을 알현한 시바의 여왕은 그의 지혜로움에 완전히 매료된다. 그

솔로몬 왕과 시바의 여왕, 19세기, 지오바니 데민, 개인 소장

녀는 "솔로몬 왕의 지혜와 부는 소문 이상이었다"라고 감복하며, 가지고 간 보물과 향료를 선물했다.

한편 시바의 여왕에 대해 지금도 풀리지 않는 의문이 있다. 여왕이 통치한 '시바'라는 나라의 정체이다. 구약성서에는 시바의 소재지는 물론 여왕의 이름도 기록되어 있지 않다.

일설에 따르면 시바의 여왕은 홍해 연안 히자즈(Hijaz) 주변에 살던 부족의 수장이었고, 이스라엘에 솔로몬을 만나러 간 것은 자기 부족과의 교역을 도모하기 위해서였다. 그러나 확실한 역사적 증거는 없다.

시바는 에티오피아에 있었던 나라라고 주장하는 학자도 있다. 사실 시바의 여왕은 솔로몬 왕에게 경의를 표하며 유대교로 개종, 그와 사랑에 빠져 아이까지 가졌다. 이후 예루살렘에서 돌아와 에티오피아에서 아들을 낳았는데, 이 아이가 에티오피아 제국의 시조인 메넬리크 1세라고 한다. 이것이 사실이라면 에티오피아의 옛 왕실은 솔로몬의 혈통인 셈이다.

1세기의 역사가 요세푸스(Flavius Josephus)도 유대의 역사서인 《유대 고대사》에서, 시바의 여왕을 '이집트와 에티오피아를 지배한 여왕'이라고 기술한다. 그러나 최신 연구에 의하면 이 시바의 여왕이 에티오피아 출신이라는 설의 신빙성이 점차 낮아지고 있다.

시바의 여왕이 다스리는 왕국의 수도는 예멘에 있었다?

시바의 소재지에 관한 논쟁과 관련해 최근 주목을 끄는 유적이 있다. 아라비아 반도 남서부, 예멘의 수도 사나에서 동쪽으로 약 120킬로미터 지점에 있는 마리브(Ma'rib) 유적이다.

마리브는 기원전 1000년경부터 기원전 115년까지 사바 왕국의 수도였다. 사바 왕국의 기원에 대해서는 정설이 없지만, 전문가 중에는 이 왕국과 시바의 여왕 사이에 모종의 관계가 있었다고 주장하는 사람도 있다. 하지만 이 마리브설도 하나의 주장일 뿐, 결정적인 증거는

성서 속 시바의 여왕은 어느 나라에서 왔는가?

시리아

지중해

레바논

다마스쿠스

이스라엘

예루살렘

요르단

알렉산드리아

이집트

에시온게벨

솔로몬 왕의 현명한 정치로 이스라엘 왕국이 번영. 시바의 여왕이 솔로몬 왕을 알현한다.

페르시아만

사우디아라비아

솔로몬 왕의 정비로 번성한 무역항. 시바의 여왕은 이곳으로 상륙하여 이스라엘 왕국으로 향했다.

나일강

제다

홍해

수단

에리트레아

마리브

예멘

❶ 시바 왕국의 후보지 1
시바의 여왕은 왕국이 아니라 히자즈 지방에 거주하던 한 부족의 수장이었다**?**

❷ 시바 왕국의 후보지 2
가장 유력한 후보지. 마리브 유적에는 거대한 댐과 신전의 흔적이 있다.

시바 왕국의 후보지 3
솔로몬 왕과 시바의 여왕 사이에서 태어난 아이가 건국했다는 설이 있다.

❸ 악숨

소말리아

에티오피아

남수단

없다.

마리브 유적에서는 거대한 댐 유적과 열주식(列柱式. 줄지어 늘어선 기둥) 신전 등이 발견되었고, 고대 남아라비아 문자의 비문도 다수 출토되었다. 따라서 옛날에는 중요한 도시였을 가능성이 높지만, 현재 본격적인 조사가 이루어지지 않아 더 이상 밝혀진 것이 없다.

옛 예멘에 여왕의 나라가 있었다는 것을 입증하는 사료가 발견되지 않았기 때문에, 나라 이름이 비슷하다고 해서 억지로 꿰맞춘 주장일 가능성이 높다.

알렉산더 대왕의 묘에서
클레오파트라의 흔적은 없었다!

1996년 11월, 프랑스의 수중 고고학자 프랑크 고디오(Franck Goddio)가 이끄는 조사팀이 알렉산드리아 항 인근 해저에서 대규모 고대 유적을 발견한다. 위치는 알렉산드리아 항구의 서쪽 해안에서 250미터 떨어진 곳이었다.

알렉산드리아는 기원전 332년 마케도니아의 알렉산더 대왕이 창건했으며, 이집트의 프톨레마이오스 왕조의 수도로서 번영을 누린 도시이다. 지도에서 알 수 있듯 알렉산드리아는 아시아, 아프리카, 유럽의 세 대륙이 합류하는 요충지이다. 아프리카 깊숙한 내륙에서 발원

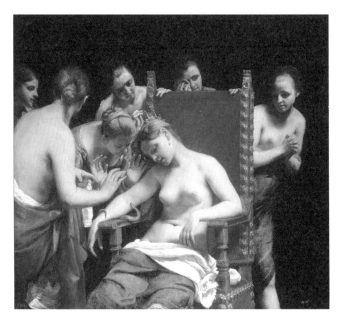

클레오파트라의 죽음, 1659년, 귀도 카나치, 빈 미술사 박물관

한 나일 강과 지중해로 통하는 항구가 있어 기원전부터 유수의 국제
교역 도시로 성장했다. 아울러 그리스 문화와 이집트 문화가 융합한
독특한 헬레니즘 문화가 탄생한 곳이기도 하다.

　고대 알렉산드리아의 해안에는 궁전, 신전, 공공 건축물이 늘어선
왕궁 지구가 있었고, 파로스 섬에는 세계 7대 불가사의 중 하나인 파
로스 등대(Pharos Light house, 프톨레마이오스 2세의 지시로 건설되었고, 옥탑 위에
거대한 여신상이 솟아 있다. 옥탑 부분에 불을 피우는 설비가 있으며, 불빛을 비추기 위해
반사 렌즈나 거울이 사용되었다고 한다. 당시의 기술로 어떻게 이 거대한 건축물을 세웠는

지. 어떤 방법으로 불을 지폈는지 지금까지 밝혀진 바가 없다)가 있었다.

고디오 유적 탐사팀의 발견이 유독 주목받는 것은, 이 유적에 프톨레마이오스 왕조의 마지막 여왕인 클레오파트라의 궁전이 포함되어 있을 가능성 때문이었다.

클레오파트라는 미모로 세계의 지배자들을 쥐락펴락한 여왕으로 유명하다. 또한 로마 제국의 황제 옥타비아누스(아우구스투스)와의 전쟁에서 패한 뒤 수치심에 독사로 자신의 가슴을 물게 해 자살한 이야기도 잘 알려져 있다.

그러나 이후 클레오파트라의 시신의 행방에 대해서는 알려진 바가 전혀 없다. 어디에 어떤 식으로 묻혔는지 아는 사람도 없다. 대부분의 연구자는 그녀가 알렉산더 대왕과 함께 잠들었을 것이라고 추측했지만, 알렉산더 대왕의 묘에서도 클레오파트라의 흔적은 발견되지 않았다.

만약 고디오 탐사팀이 발견한 왕궁 지구의 유적이 클레오파트라의 궁전이라면, 그 부근에 알렉산더 대왕과 클레오파트라의 묘가 있을 가능성이 있다.

클레오파트라의 무덤은
지상에 있는가, 해저에 있는가?

클레오파트라의 묘에 대해서는 예전부터 여러 설이 등장할 정도로 역

클레오파트라의 묘는 해저에 있는가, 지상에 있는가?

지 중 해

② 카이트베이설
알렉산더 대왕이 쌓은
카이트베이에 있다?

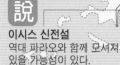

이시스 신전설
역대 파라오와 함께 모셔져
있을 가능성이 있다.

③

① 알렉산드리아의 해저설
1996년, 궁전으로 추정되는 유적을
발굴했으나 클레오파트라의
묘는 발견되지 않았다.

알렉산드리아
동부 항구

④ 알렉산드리아 중심가설
지금의 알렉산드리아 거리 지하에
알렉산더 대왕과 함께 모셔져 있다?

――― 현재의 해안선
·········· 고대의 해안선

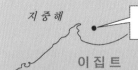

지 중 해

'전설의 도시'
헤라클레이온

이 집 트

●알렉산드리아

2000년 6월 프랑스 고고학자와 이집트 유적
발굴팀이 알렉산드리아 항 근해 해저에서
대규모 고대 도시의 유적을 발견했다.
기원전 7세기 당시의 생활상을 보여주는
저택과 사원, 항만 시설, 조각상 등
거의 원형 그대로 보존된 헤라클레이온과
메노우티스의 유적은 역사적 가치로 볼 때
고고학적 대발견이다.
사진 속 화강암의 스핑크스는
프톨레마이오스 12세로 밝혀졌는데,
바로 로마의 위대한 두 영웅을 사랑했던
클레오파트라 7세의 아버지이다.

사가와 일반인의 관심이 뜨겁다.

1980년, 독일의 조사대는 클레오파트라의 묘가 파로스 섬에 있는 카이트베이(Qaitbay) 성벽 부근에 있을 거라고 주장했다. 석재가 많은 곳이니만큼 파로스의 등대뿐 아니라 알렉산더 대왕의 묘도 있고, 아울러 대왕을 존경했던 클레오파트라도 그 근처에 묻혀 있을 거라는 추론이다.

한편 프랑스-이집트의 합동 조사대가 주장하는 내용도 주목을 끈다. 그들은 해저에 가라앉은 이시스 신전의 사당에 묘가 있을 것으로 추측했다. 프톨레마이오스 왕조의 왕들이 이시스 신전에 모셔져 있으니, 클레오파트라도 알렉산더 대왕과 함께 묻혀 있을 가능성이 있다는 것이다.

또한 피라미드 연구의 일인자인 이집트 고고학최고평의회(Supreme Council of Antiquities, SCA. 고고학 관련 업무를 담당하는 이집트 문화부의 산하 부서. 이집트에 있는 고고학 유적의 발굴과 그곳에서 발견된 발굴품 등을 보호, 규제, 관리한다)의 자히 하와스(Zahi Hawass) 박사는 그녀가 알렉산드리아 중심가 지하에 알렉산더 대왕과 함께 잠들어 있다고 주장한다.

과연 두 사람이 알렉산드리아 모처에 잠들어 있는 것이 사실일까?

타락한 도시 소돔과 고모라는 사해 바다에 묻혀 있는가?

하늘에서 유황과 불이 쏟아져 소돔과 고모라는 멸망

구약성서에 등장하는 '소돔(Sodom)과 고모라(Gomorrah)'는 악덕과 쾌락을 상징하는 도시이다. 성서에서 두 도시는 악이 지배하는 지역으로, 성적으로 문란하고 남색과 죄악이 만연한 곳으로 묘사된다.

구약성서에는 소돔과 고모라가 신의 노여움을 사 멸망하는 모습이 자세하게 기록되어 있다.

어느 날 소돔에 나그네로 변신한 천사가 찾아왔다. 주민 롯이 그들을 집으로 초대하여 대접하고 있을 때 소돔의 사내들이 찾아온다. 그

소돔과 고모라의 멸망, 1852년, 존 마틴, 뉴캐슬 랭 아트 갤러리

들이 여행자들을 해치려 하자 롯은 필사적으로 보호한다. 그러자 여행자는 자신이 천사임을 롯에게 밝히고, 가족과 함께 도시를 떠나라고 말한다. 롯의 가족이 마을에서 탈출하자 하늘에서 유황과 불이 쏟아져 도시가 멸망한다. 롯과 딸들은 무사히 탈출하지만, 아내는 뒤를 돌아보지 말라는 천사의 충고를 무시해 소금 기둥이 되고 만다.

구약성서에 등장하는 이 이야기에 근거해서, 고고학자들은 소돔과 고모라가 화산 폭발로 파괴되어 현재 사해 바닥에 묻혀 있을지도 모른다고 추측한다. 구약성서 속의 이야기가 사해 주변에서 역사적 사실로 밝혀지는 일이 심심찮게 일어난다.

지금의 사해 남쪽에는 소돔이라는 지명이 남아 있고, 사해 주변은 도처에서 유황 냄새가 풍긴다. 또 소돔과 고모라의 이야기에 앞서 창세기 14장에는 소돔 왕 베라와 고모라 왕 바르사가 '싯딤 골짜기'라는 곳에서 역청(아스팔트) 구덩이에 떨어졌다는 내용이 나온다. 이 부분은 사해 주변이 일찍이 천연 아스팔트를 추출하는 장소였다는 점과 정확하게 일치한다.

아울러 '싯딤'은 소금을 뜻하는데, '소금 골짜기'는 '소금 바다', 즉 지금의 사해라고 볼 수 있다. 사해의 염분 농도는 30~35퍼밀로, 일반적인 해수보다 약 5배나 높다. 그 때문에 해변은 소금 결정으로 덮여 있고, 소금 고드름이 기둥 모양으로 늘어서 있다. 이 장면은 소금 기둥으로 변한 롯의 아내의 이야기를 연상시킬 정도이다.

사해 부근의 지진에 의해 소돔과 고모라가 멸망했다?

지구물리학자 다케우치 히토시는 소돔과 고모라 이야기가 구약성서에서는 신이 노하여 일어난 재앙으로 그려지지만 실제 자연현상으로 설명할 수 있다고 주장한다. 사해 주변은 지각 활동이 매우 활발한 지진 다발 지대이다. 그렇다면 소돔과 고모라라는 두 도시의 멸망도 빈번한 지진에 의한 것으로 해석할 여지가 있다는 것이다.

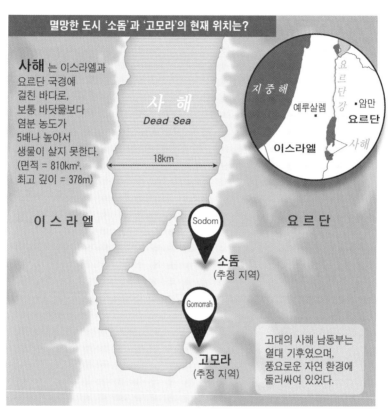

멸망한 도시 '소돔'과 '고모라'의 현재 위치는?

사해 는 이스라엘과
요르단 국경에
걸친 바다로,
보통 바닷물보다
염분 농도가
5배나 높아서
생물이 살지 못한다.
(면적 = 810km²,
최고 깊이 = 378m)

사 해
Dead Sea

18km

이 스 라 엘

요 르 단

지중해

예루살렘 ▪ ▪암만

요르단

이스라엘

사해

Sodom
소돔
(추정 지역)

Gomorrah
고모라
(추정 지역)

고대의 사해 남동부는
열대 기후였으며,
풍요로운 자연 환경에
둘러싸여 있었다.

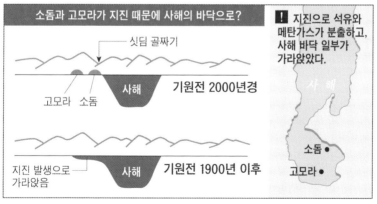

소돔과 고모라가 지진 때문에 사해의 바닥으로?

싯딤 골짜기

고모라 소돔

사해

기원전 2000년경

지진 발생으로
가라앉음

사해

기원전 1900년 이후

! 지진으로 석유와
메탄가스가 분출하고,
사해 바닥 일부가
가라앉았다.

사 해

소돔 ●

고모라 ●

좀 더 구체적으로 설명하면, 대지진으로 땅이 크게 갈라지면 땅속에 있던 석유와 메탄가스가 그 틈으로 뿜어져 나온다. 거기에 불이 붙으면 땅속 유황에도 불이 붙고 유황이 타면서 지표를 흐르게 된다. 이것이 성경에 있는 '하늘에서 쏟아진 유황과 불'의 정체일 수도 있다는 해석이다. 이것이 사실이라면 두 도시에 재앙이 실제로 일어났을 가능성이 충분하다.

다만 소돔과 고모라의 위치는 여전히 불분명한 상태이다. 지금의 사해는 문자 그대로 죽음의 바다지만, 먼 옛날 사해 남동부는 물이 풍부하고 밭과 과수원이 있었으며 마을의 흔적이 있는 풍요로운 땅이었다. 더구나 아스팔트가 산출되는 곳도 사해의 남부 일대이다. 이 같은 사실을 종합해볼 때 소돔과 고모라의 실제 위치는 사해 남동쪽 부근이라는 설이 가장 유력해 보인다.

'수메르 문자'는 정체를 알 수 없는 불가사의한 문자

고대 메소포타미아 문명은 티그리스 강과 유프라테스 강 사이의 초승달 지대에서 탄생한 인류 최초의 문명이다. 기원전 3100년경 우르, 우르크, 기슈 등의 도시가 생기면서 메소포타미아 문명이 시작되었다. 최성기인 기원전 2100년경에는 우르에 유프라테스 강에서 물을 끌어오는 운하가 정비되어 궁전과 신전, 성벽이 건축되는 등 웅장하고 아름다운 도시국가로 발돋움한다.

세계에서 가장 오래된 메소포타미아 문명을 구축한 것은 수메르(Sumer)인이다. 그들이 역사에 모습을 드러낸 것은 기원전 6000년~

기원전 5000년경이다. 그들은 비가 적은 건조한 사막에서 티그리스 강, 유프라테스 강 유역을 꾸준히 개간하여 마침내 도시국가를 세웠다. 게다가 기원전 3200년경에는 문자를 사용하기까지 한다. 그런데 이처럼 화려한 문명을 구축한 수메르인의 정체에 대해서는 지금까지 거의 알려진 바가 없다. 그야말로 베일에 싸인 민족인 셈이다.

그들이 사용한 문자(수메르어)가 어떤 언어 계통에 속하는지 조사해서 단서를 찾으려 했지만 아무리 비교해도 수메르어와 비슷한 언어는 찾을 수 없었다. 즉, 언어에서 그들의 뿌리를 추측하는 것은 불가능했다. 고고학자들에게 이 '수메르 문자'는 정체를 알 수 없는 불가사의한 문자로, 고고학의 난제 가운데 하나였다.

수메르인에게 문명을 전파한 것은 신인가, 외계인인가?

수메르인의 뿌리를 구약성서에서 찾는 견해도 있다.

창세기 11장에 '이에 그들이 동방으로 옮기다가 시날 평지를 만나 거기 거류하며'라는 구절이 있는데, 이 시날이 수메르를 가리킨다는 주장이다. 이 내용과 출토된 토기를 비교했더니 오늘날의 이란 남서부 일대에서 기원하는 것으로 확인되었다.

그러나 인도에서 왔다, 페르시아 만을 건너왔다 등등 연구자마다 다른 주장을 펼치며 아직 정확한 결론에는 이르지는 못한 상황이다.

메소포타미아 문명의 수메르인은 어디서 왔는가?

티그리스 강

이란

아프가니스탄

이라크

바그다드

파키스탄

바빌론

창세기의 내용대로
이란 남서부에서 왔다?

❶ 說

유프라테스 강

인도

수메르 문명지

❸ 說

❷ 說

페르시아 만

오만

인도

사우디아라비아

페르시아 만을 건너온
어로 민족으로 구성?

인도처럼 소와 쟁기를
사용해 농사를 지었으므로
인도에서 왔다?

홍
해

예멘

아 라 비 아 해

⚠ 수메르인의 언어는 세계 어느 언어 계통에도 해당되지 않는다.

| 수메르 문자 (발음/뜻) | 𒃲 (갈/큰) | 𒀀 (아/물) | △ (르/산) | 𒋗 (슈/손) | 수수께끼의 수메르 문자, 상형문자의 원형이 되었다. |

한편 수메르인의 뼈를 조사한 결과 흥미로운 사실이 발견되었다. 수메르인을 특징짓는 공통점을 찾을 수가 없다는 것이다. 즉, 그들을 한데 묶어 수메르인이라 부르기는 하지만, 실은 다수 민족으로 구성되었을 가능성이 있는 것이다.

또 한 가지 의문은 2,000년밖에 안 되는 수메르 문명이 어떻게 2만 5,920년이 걸리는 천문 주기를 관찰하고 기록할 수 있었을까 하는 점이다. 또한 그들의 문명이 서양 점성술에서 계절을 구분하는 별자리 배치도인 12궁도의 중간에서 시작된 이유는 무엇일까?

즉, 수메르인들은 선행 문명이 없었는데도 처음부터 고도의 기술을 보유했다는 점이 특이하다. 문명은 본래 선진 문명에서 전수받아 발전시켜나가는 것이다. 그러나 수메르인의 고도로 발달한 문명은 뿌리의 흔적을 찾을 수 없을 정도로 어느 날 갑자기 등장했다. "수메르 문명은 외계인에게 전수받았다고 볼 수밖에 없다"라고 진지하게 말하는 연구자까지 있을 정도이다. 유사 이전에 지구를 방문한 외계인이 각지에 흩어져 살던 사람들을 모아 언어 등의 문명을 전수했다는 것이다.

황당무계한 가설이지만 전혀 근거 없는 이야기는 아니다. 수메르 문명을 기록한 점토판에 '수메르의 모든 성취는 아눈나키(Anunnaki)로부터 받았다'라는 문장이 남아 있기 때문이다.

아눈나키는 무엇을 뜻하는 것일까? 외계인일까, 신일까? 아니면 다른 선진 민족일까? 수메르 문명을 둘러싼 수수께끼가 하나씩 풀리기는 하지만 여전히 미궁 속을 헤매고 있다는 느낌을 지울 수가 없다.

이집트 피라미드는
우주의 별자리를 상징하는가?

쿠푸 왕의 피라미드가 상징하는
숫자의 의미는?

기원전 2500년경, 고대 이집트의 고왕국(古王國, 고대 이집트 문명 최초의 번영기인, 기원전 2686년경의 제3왕조에서 기원전 2181년경의 제6왕조까지의 시대. 이집트 역사상 가장 특징 있는 피라미드가 건설된 시대라 하여 피라미드 시대라고도 한다)인 제 4왕조 시대에 만들어진 기자의 3대 피라미드는 '세계 7대 불가사의' 의 대명사라 할 만큼 신비함으로 가득하다.

먼저 3대 피라미드는 공통적으로 처음에는 웅장한 크기에 압도당하고, 나중에는 고도의 정밀함에 보는 사람마다 혀를 내두르게 된다.

3개의 피라미드의 밑변은 거의 사각으로 이루어져 있고, 동서남북

3대 피라미드, 기자 고원, ⓒ Ricardo Liberato, Wikimedia Commons

에 정확히 맞춰져 있다. 오차는 매우 근소해서 육안으로는 구분이 안 된다. 고대에 이렇게 정확한 수치를 측량해 건축했다는 것은 기적에 가깝다.

그뿐 아니라 가장 큰 쿠푸 왕의 피라미드를 수학적으로 분석하면 의미심장한 숫자로 이루어져 있다는 것을 알 수 있다. 가령 피라미드의 높이에 10억을 곱하면 지구와 태양 사이의 최단 거리가 나오며, 무게에 100조를 곱하면 지구의 무게와 거의 같아진다. 또한 피라미드 경사면의 길이와 밑변의 절반의 비는 황금비(1 대 1.618)를 이룬다. 그리고 밑변의 길이를 모두 더하고 높이의 두 배로 나누면 원주율의 근사치인 3.14가 나온다. 원주율은 기원전 3세기 아르키메데스가 발견했다고 알려지는데 그보다 훨씬 전, 지구가 둥글다는 사실을 몰랐던 고대 이집트인이 원주율, 지구와 태양의 거리, 무게, 황금비를 알고 있었던 것이다. 이러한 모든 것들이 우연의 일치에 지나지 않는다고 간과해도 되는 것일까?

그리고 무엇보다 궁금한 것은 이 거대한 피라미드를 건축한 목적이다. 지금껏 피라미드는 왕의 묘로 추측되어왔다. 모든 피라미드가 단독이 아닌 장제전(葬祭殿, 고대 이집트에서 국왕의 영혼을 위해 제사 지내던 숭배전)과 친인척의 분묘군으로 둘러싸여 있기 때문이다. 따라서 이 3개 피라미드도 같은 용도로 보는 것이 타당할 것이다. 더구나 이렇게 웅장한 규모의 피라미드라면 권력을 상징하는 왕과 왕족의 무덤일 가능성이 높다. 다만 이를 증명할 왕의 관은 아직까지 발견되지 않았다.

기자의 땅에 피라미드로
우주의 별자리를 그렸다!

그런 가운데 1991년, 영국의 로버트 보벌(Robert Bauval, 건축 기사로 오랫동안 피라미드의 천문학에 관심을 가지고 이집트와 중동에서 많은 시간을 보냈다.《창세의 수호신》,《오리온 미스터리》의 공동 저자이다)이 참신한 가설을 내놓아 화제가 되었다. 그의 주장을 한번 따라가 보자.

쿠푸 왕의 피라미드를 살펴보면 내부에 왕의 널방(관을 안치한 방)이 있고, 바로 아래에 여왕의 방이 있다. 두 방에는 남쪽으로 작은 구멍

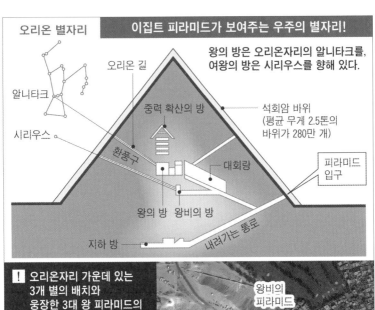

오리온 별자리

이집트 피라미드가 보여주는 우주의 별자리!

왕의 방은 오리온자리의 알니타크를,
여왕의 방은 시리우스를 향해 있다.

알니타크

시리우스

오리온 길

중력 확산의 방

환풍구

석회암 바위
(평균 무게 2.5톤의
바위가 280만 개)

대회랑

피라미드
입구

왕의 방   왕비의 방

지하 방

내려가는 통로

❗ 오리온자리 가운데 있는
3개 별의 배치와
웅장한 3대 왕 피라미드의
배치가 일치한다.

왕비의
피라미드

쿠푸 왕
피라미드

카프라 왕
피라미드

스핑크스

참배로

멘카우레 왕
피라미드

왕비의
피라미드

하안(河岸) 신전

이 나 있는데 지금까지는 단순한 통기 구멍으로 여겨졌다. 그러나 보벌은 이 구멍을 멀리 우주로 연결하면 왕의 널방은 오리온자리의 3개 별에, 여왕의 방은 시리우스(큰개자리에서 가장 밝은 청백색 별)에 도달한다는 것을 알아냈다.

게다가 3대 피라미드 중 가장 작은 멘카우레 왕의 피라미드만 조금 벗어난 곳에 배치되어 있는데, 이것은 우연이 아니라 의도적인 것이라고 주장했다. 3개의 피라미드를 일부러 오리온자리의 3개 별자리에 맞춰 배치했다는 것이다. 오리온자리를 보면 3개의 별 중 크기가 작고 직선에서 약간 벗어난 별이 있다. 멘카우레 왕의 피라미드가 그 별에 해당되는 셈이다.

이집트의 3대 피라미드는 우주를 지구 상에 옮긴 지상화일까? 고대 이집트인은 기자의 땅에 우주의 별자리를 그리려 했던 것일까? 진위는 알 수 없지만 이 엄청난 가설이 피라미드를 더욱 신비로운 존재로 만드는 것만은 확실하다.

스핑크스와 피라미드를 잇는 지하의 비밀 통로가 있다?

고대 신관은 스핑크스의 목소리로 신탁을 전했다

이집트 기자에 있는 거대한 스핑크스. 전 세계 고고학자들이 그 지하에서 피라미드로 이어지는 비밀 통로와 지하실을 찾기 위해 여전히 고군분투 중이다.

기원전 2500년경 고대 이집트 제4왕조인 카프라 왕의 피라미드의 스핑크스가 가장 크고 오래되었고, 왕의 권력을 상징하는 것으로 알려져 있다.

피라미드와 스핑크스를 지하로 잇는 비밀 통로와 지하실의 존재에 대한 궁금증은 이미 중세 때 시작되었다. 중세 유럽에는 고대의 신관

스핑크스, 기자 고원, ⓒ Berthold Werner, Wikimedia Commons

이 지하 통로를 통해 스핑크스로 들어가 스핑크스의 목소리를 빌려 신탁을 전했다는 기록이 남아 있다. 그렇다면 비밀 통로와 지하실은 정말 있을까? 지금까지 많은 고고학자가 발굴 조사에 착수했지만 아직 지하실은 발견되지 않았다. 그러나 이것들의 존재 가능성을 암시하는 징후는 몇 가지 있다.

1970년대 후반부터 80년대 초, 미국 스탠퍼드 대학교 연구소의 고고학자 마크 레너(Mark Lehner), 이집트 고고학최고평의회의 자히 하와스 박사 팀은 스핑크스의 앞다리 쪽 지하에서 구멍 또는 통로 같은 것을 발견했다.

1987년에는 일본의 요시무라 사쿠지(吉村作治) 박사가 이끄는 와세다 조사팀이 전자파 탐사법으로 조사한 결과 남북으로는 통로로 추정되는 것이, 스핑크스의 북쪽 뒷다리 지하에는 구멍이, 남쪽 뒷다리 아래에는 구덩이가 있다는 것을 발견한다.

또한 보스턴 대학교의 지질학자 로버트 쇼치(Robert M. Schoch), 지진학자 토머스 도베키(Thomas L. Dobecki), 다큐멘터리 감독이자 이집트 연구가인 존 웨스트(John Anthony West) 팀이 지진 탐사법 조사로 오른쪽 앞다리 지하에서 길이 약 10미터의 정사각형 공간을 찾아낸다. 이 같은 흔적들이 잇따라 발견되면서, 스핑크스의 땅 밑에 비밀통로와 지하실이 있다는 주장이 새삼 주목받으며 신빙성 있는 사실로 거론되고 있다.

스핑크스의 지하에는
'아틀란티스의 보물'이 잠들어 있다?

이 발견을 가장 기뻐한 것은 미국의 초능력자 에드거 케이시(Edgar Cayce)의 신봉자들이었다. 에드거 케이시는 최면 상태에서 예언을 하는 '리딩'이라는 수법으로 유명한, 세계 3대 예언자 중 한 사람이기도 하다.

그는 "스핑크스 지하에 아틀란티스 문명의 사라진 보물이 숨겨진 기록 창고가 있으며, 1996년부터 1998년 사이에 발견된다", "대부분

스핑크스와 피라미드를 잇는 지하 통로가 있다?

쿠푸 왕
피라미드

스핑크스

지하실?

1990년대의 과학적 조사를 통해
지하 6~7m 지점에
빈 공간이 있는 것을 발견.

심령술사가 예언한 지하실의 존재

! 지하실에 아틀란티스 문명의 비밀을 풀
열쇠가 있는 것으로 추정되나
이집트 정부의 규제로 조사가 중단됐다?

지하 통로는
스핑크스와
3대 왕의
피라미드로
이어진다고
한다.

쿠푸 왕
피라미드

지하 통로

카프라 왕
피라미드

스핑크스

카프라 왕의
하안 신전

왼쪽 앞다리와 뒷다리 아래쪽에서 발견된다"라고 정확하게 예언했기 때문이다.

아틀란티스 문명은 앞서 소개했듯이, 1만 2,000년 전에 멸망한 환상 속의 고대 문명이다. 스핑크스 지하에 그 수수께끼를 풀 열쇠가 있다면 인류 역사상 가장 큰 발견이 되는 셈이다.

존 웨스트는 스핑크스가 이집트 문명보다 더 오래된 또 다른 문명에 의해 만들어졌을 가능성도 주장했으나, 이 주장이 이집트 정부의 노여움을 사 오히려 조사를 중지당한다.

그 후 다른 연구팀이 지하실의 존재 여부에 대해 조사를 진행하지만, 역시 도중에 이집트 정부로부터 아무 이유도 없이 제지당한다. 이집트 정부의 조치는 스핑크스의 조사가 진전되는 것을 의도적으로 방해하는 듯한 느낌을 주기에 충분하다.

어쩌면 다른 나라 사람들이 자신의 조상들이 이룬 고대 문명 속에서 세기의 역사적인 발견을 하지 않을까 하는 조바심 때문에 결코 허락하고 싶지 않을 것이라고 추측할 뿐이다. 아니면 이집트를 송두리째 뒤흔들 만한 비밀이 지하에 잠들어 있기 때문일까?

흑인 왕국 쿠시가
어떻게 이집트를 정복했는가?

쿠시족은 흑인을 뜻하는
'에티오피아인'으로 불렸다

나일 강 유역에서 번영한 고대 이집트 문명의 명성을 모르는 사람은 없을 것이다. 그런데 같은 나일 강 상류에 있었던 쿠시 왕국에 대해서는 아는 사람이 거의 없다.

쿠시 왕국은 나일 강 상류, 즉 현재의 수단 북부 일대인 누비아에 있었고, 나일 강을 따라 남북으로 1,200킬로미터 넘게 세력을 넓혔다고 한다. 쿠시족은 고대 그리스어로 '얼굴이 햇볕에 그을린 사람' 혹은 흑인을 뜻하는 '에티오피아인'으로 불렸다. 쿠시는 가장 오래된 흑인 왕국이었던 셈이다.

쿠시 왕국의 피라미드, 수단, © Fabrizio Demartis, Wikimedia Commons

　쿠시는 기원전 3000년경 이미 소국가를 형성했다. 그러나 이웃 나라인 고대 이집트의 영향을 강하게 받았기 때문에 이집트의 속국에 가까운 존재였다.

　기원전 1100년경, 이집트가 쇠퇴하기 시작하면서 쿠시는 이집트로부터 독립한다. 기원전 8세기경에는 이집트를 침공하여 순식간에 이집트 전체를 정복한 다음 에티오피아 왕조를 탄생시킨다. 이후 쿠시 왕국은 세력을 더욱 확대하여 아프리카 4분의 1 정도나 되는 광대한 땅을 지배하기에 이른다.

　고대 이집트 문명이 아프리카와 지중해, 남아시아를 아우르는 복합적인 성격이었다면, 쿠시 문명은 아프리카에서만 발전한 아프리카 문명의 뿌리라고 할 수 있다.

하지만 화려한 역사에도 불구하고, 정작 쿠시 왕국의 정체와 역사에 대해서는 알려진 바가 거의 없다. 왕국의 주요 유적들이 1960년 아스완하이 댐(이집트 아스완 부근에 나일 강의 급류를 막아 건설한 대규모 댐) 건설로 침수되었기 때문이다.

쿠시 왕국의 이집트 정복과 철수에 얽힌 미스터리

쿠시 왕국이 손쉽게 이집트를 정복하고 큰 반란도 없이 100년 가까이 지배할 수 있었던 비결은 무엇일까?

사실 그들의 이집트 침공은 제대로 된 침공이 아니었다는 흥미로운 설이 있다. 그들은 이집트의 쇠퇴와 함께 위기에 빠진 이집트 문화를 부흥시키기 위해 구세주를 자청하여 이집트를 지배했던 것이고, 따라서 이집트인들도 별다른 저항 없이 그들의 지배에 따랐다는 내용이다.

사실 그들의 이집트 침공은 도무지 침략이라고 하기 힘들 정도였고, 이집트 지배권을 접수했다는 표현이 어울릴 정도였다. 그리고 지배하기 시작한 이후에도 이집트 문화를 지키려고 여러 가지 노력을 했다. 예를 들면 당시 고대 이집트어를 올바른 언어로 되돌리려 했던 흔적이 비문에서 발견되었다. 그리고 이집트의 신앙인 아문(태양신) 신

나일 강 상류의 쿠시 왕국이 이집트를 지배했다!

넓게는 아프리카 북부 대륙의 4분의 1을 지배

지 중 해

시리아

이스라엘

이라크

알렉산드리아

예루살렘

기자 ● 카이로

요르단

사우디아라비아

나

일

기원전
8세기
(최대)

강

❶ 기원전 8세기,
아문 신의 성지인
테베를 점령.

룩소르(테베)

이집트

아스완하이 댐

쿠시 왕국의
지배 영역

홍
해

❷ 기원전 667년,
아시리아의 침공을 받고
나파타로 돌아간다.

기원전
11세기

❸ 기원전 540년 수도 나파타에서
메로에로 이동하여 4세기까지
계속해서 번영.

나파타

게벨 바르칼 ●

메로에

에리트레아

수단

에티오피아

!
침공의 목적은
황폐한 이집트를
재건하는 것?

앙이 쇠퇴 일로를 걷자, 이를 막기 위해 아문 기념물을 다량 희사하기도 했다.

기원전 667년, 쿠시족은 갑자기 이집트에서 철수한다. 일반적으로는 아시리아의 공격 때문으로 알려져 있지만, 사실은 본래 의도대로 이집트가 부흥했기 때문이라는 설도 있다.

과연 그들이 이집트를 침공한 진짜 이유는 무엇일까? 그 미스터리한 비밀을 풀 열쇠는 유적과 함께 댐 밑으로 가라앉아 알 길이 없다. 그들이 독자적으로 사용한 메로에 문자도 아직 해독 작업이 진행되지 않아 의문만 가득한 상태이다.

인류의 기원은 언제,
어디서 비롯된 것일까?

우리 인간은 어디서 왔을까? 인류의 기원은 어디까지 거슬러 올라갈까? 지금까지 수많은 학자가 이 어마어마한 수수께끼에 대해 연구해왔다.

인류의 시조는 오스트랄로피테쿠스로 추정된다. 오스트랄로피테쿠스는 약 320만 년 전에 탄생한 원인이며, 1974년 아프리카 동부 에티오피아에서 처음으로 화석이 발견되었다.

'루시(Lucy)'라고 명명한 이 원인은 키 약 1미터, 체중 약 30킬로그램으로 나무 위에서 생활하며 직립보행을 한 것으로 추측된다.

그러나 1992년, 오스트랄로피테쿠스보다 더 오래된 초기 인류의 화석이 발견되었다. 도쿄 대학의 스와 겐(諏訪元)이 에티오피아 사막지대에서 발견한 라미다스 원인이다.

화석이 발견된 지층을 조사한 결과, 라미다스 원인은 약 440만 년 전에 살았던 것으로 밝혀졌다. 키는 약 1.2미터, 체중은 약 50킬로미터로 루시에 비해 한층 크다. 골격은 지금까지 알려진 원인보다 덜 발달한 상태지만, 이족보행은 가능했던 것으로 추정된다.

그러나 라미다스 원인을 인류의 시조로 단정할 수는 없었다. 그 후에도 주목할 만한 발견이 꾸준히 이어졌던 것이다. 2000년에는 케냐에서 라미다스 원인보다 더 오래된 것으로 추정되는 원인의 화석이 발견되었고, 2002년에는 아프리카 중앙부 차드의 토로스-메날라에서 약 700만 년 전의 것으로 보이는 원인의 화석이 발견되었다.

케냐와 차드의 인류 화석은 부분적으로만 발견되었으며, 생김새와 구체적인 생활상 등은 정확히 밝혀지지 않았다. 그러나 가장 오래된 인류의 시조일 가능성이 매우 높다는 의견이 많다.

아프리카 이외 지역에서도 인류의 기원을 찾아볼 수 있는가?

인간의 뿌리에 대한 또 하나의 큰 수수께끼가 있다. 앞서 말한 대로 인류의 시조로 추정되는 원인 화석은 모두 아프리카에서 발견되었다.

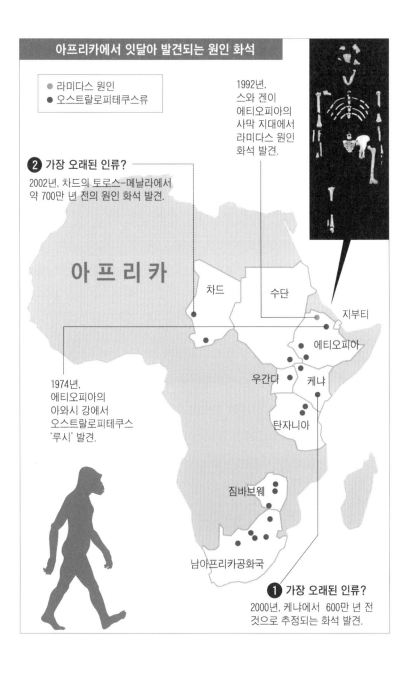

아프리카에서 잇달아 발견되는 원인 화석

● 라미다스 원인
● 오스트랄로피테쿠스류

1992년,
스와 겐이
에티오피아의
사막 지대에서
라미다스 원인
화석 발견.

❷ 가장 오래된 인류?
2002년, 차드의 토로스-매날라에서
약 700만 년 전의 원인 화석 발견.

아 프 리 카

차드

수단

지부티

에티오피아

우간다 케냐

탄자니아

1974년,
에티오피아의
아와시 강에서
오스트랄로피테쿠스
'루시' 발견.

짐바브웨

남아프리카공화국

❶ 가장 오래된 인류?
2000년, 케냐에서 600만 년 전
것으로 추정되는 화석 발견.

이것은 인류의 기원이 아프리카 대륙에 있다는 뜻일까?

인류의 기원에 대해서는 현재 '다지역 기원설'과 '아프리카 기원설' 두 가지가 제시되고 있다. 전자는 아프리카에서 발생한 원인이 세계 각지로 퍼져 각각 신인(新人)으로 진화하며 현생 인류의 시조가 되었다는 설이고, 후자는 아프리카에 있던 단일 신인 집단이 세계 각지로 퍼졌다는 설이다. 두 가지 중 유력시되는 것은 아프리카 기원설이며, 그 근거는 세포 내의 미토콘드리아에 있다.

1980년대 캘리포니아 대학의 연구팀은 인류의 시조를 밝히고자 인간의 세포 안에 있는 미토콘드리아 DNA에 주목했다. 미토콘드리아 DNA는 모계로만 유전되므로 이를 역추적하면 인류의 조상을 알 수 있다고 여긴 것이다. 연구팀은 무작위로 전 세계 147명에게서 미토콘드리아 DNA를 채취하여 연구를 진행했다. 그 결과 현생 인류는 모두 20만 년 전에 아프리카에서 살던 한 여성, '미토콘드리아 이브'의 자손이라는 결론에 도달했다.

다만 아프리카 기원설의 우위는 머지않아 뒤집힐 가능성도 있다. 최근 아버지를 통해서도 미토콘드리아 DNA가 유전된다는 것이 판명되었기 때문이다. 그뿐 아니라 아시아와 오스트레일리아에서는 원인에서 신인으로의 진화가 독자적으로 이루어졌다고 추정되는데, 이것이 입증되면 인류의 뿌리가 모두 아프리카에 있다는 주장이 뒤집힐 가능성이 높기 때문이다.

지도로 읽는다

미스터리 세계사

초판 1쇄 인쇄 | 2016년 4월 19일
초판 1쇄 발행 | 2016년 4월 21일
초판 5쇄 발행 | 2022년 1월 21일

지은이 | 역사미스터리클럽
옮긴이 | 안혜은
펴낸이 | 황보태수
기획 | 박금희
마케팅 | 유인철
지도 | 김태욱
디자인 | 여상우
인쇄 | 한영문화사
제본 | 한영제책

펴낸곳 | 이다미디어
주소 | 경기도 고양시 일산동구 정발산로24 웨스턴돔 T1-906-2
전화 | (02) 3142-9612
팩스 | 070-7547-5181
이메일 | idamedia77@hanmail.net

ISBN 978-89-94597-66-9 04900
　　　978-89-94597-65-2　(세트)